Willi Everding

# Von Advent bis Zuckerfest

## Feste und Brauchtum
im Jahreslauf

Luther-Verlag

Die Deutsche Bibliothek - CIP-Einheitsaufnahme

**Everding, Willi:**
Von Advent bis Zuckerfest :
Feste und Brauchtum im Jahreslauf / Willi Everding
- Bielefeld : Luther-Verl., 1996
ISBN 3-7858-0378-8

Gesamtherstellung: Hans Kock GmbH, Bielefeld
Titelfoto: © Melters/present
Sonnenuhr auf einer spanischen Keramikplatte

# Inhaltsverzeichnis

# Vorwort

Fest- und Gedenkzeiten bilden die Ruhepunkte im Laufe eines Jahres. Hier werden wir zum Innehalten eingeladen und bekommen Gelegenheit zur Besinnung. Fröhliche Tage, die uns den Fortgang des Jahres erhellen, Trauerzeiten, die uns zur Mahnung und Neuorientierung dienen wollen – die Begegnungen mit dem Jahr sind vielfältig.

Das Bewußtsein für den festen Rhythmus, den uns das Jahr bietet, ist heute vielen Menschen verlorengegangen. Das Tempo des Lebens wird oft von anderen Gegebenheiten bestimmt. Wir haben uns weitgehend gelöst von der Ursprünglichkeit, mit der unsere Voreltern noch die Tage, Wochen und Monate eines Jahres ansahen. Aber dennoch: Die Zeit läuft durch uns hindurch, ob wir ihre Ruhepunkte nutzen oder nicht. Meine Arbeit mit jungen Menschen zeigt mir manches von den Defiziten auf, die bei ihnen im Umgang mit der Tradition herrschen. Vieles ist einfach nicht mehr be-wußt, wird nicht mehr ge-wußt, ist im Laufe der Zeit verschüttet worden. Ich finde das bedauerlich. Lothar Zenetti fragt, „ob wir ohne Folgen die eigene Tradition verlassen, also ohne Wurzeln leben können". Die Antwort stellt sich von selbst. Leben ohne Wurzeln ist auf Dauer kaum möglich.

Manches aus unserer christlichen Tradition hat seine Wurzeln im Judentum. Deshalb ist es selbstverständlich, sich auch über die jüdischen Festzeiten zu orientieren. Und weil mit uns viele Menschen muslimischen Glaubens leben, gehören ihre Feiertage natürlich ebenfalls mit in unseren Horizont hinein.

Dieses Buch soll ein wenig von dem Boden aufzeigen, auf dem wir leben und wachsen. Es soll bei den Leserinnen und Lesern Interesse wekken, dem Jahr und seinen festen Zeiten immer wieder neu zu begegnen. Es soll sie hineinnehmen in den Rhythmus, der bereits in dem Segenswort enthalten ist, das nach der Überlieferung dem Noah gegeben wurde: „Solange die Erde steht, soll nicht aufhören Saat und Ernte, Frost und Hitze, Sommer und Winter, Tag und Nacht" (1. Mose 8, 22).

Zur Arbeit an diesem Buch angeregt haben mich die Fragen meiner Schülerinnen an der Fachschule für Sozialpädagogik. Für sie wurden die einzelnen Abschnitte auch in erster Linie geschrieben. Für freundliches Zuarbeiten bedanke ich mich ausdrücklich bei Christine Ledwon, die mir manchen wichtigen Hinweis gab.

Widmen möchte ich dieses Buch meiner Frau Annegret.

Bochum, im Januar 1996                                    Willi Everding

# Kalender

Am Anfang ist er noch ganz schön dick. Daran muß man sich erst gewöhnen. Aber keine Angst: Mit jedem neuen Tag nimmt er wieder ab. Da können wir sicher sein. Die Rede ist vom Kalender, der am 1. Januar seinen Dienst als Begleiter durch das neue Jahr antritt. Als Mahner für die Termine, die auf uns warten; als Hinweisgeber für Geburts- und Gedenktage; als Übersichtsplaner für die kleinen und großen Ereignisse dieses Jahres; als Wandschmuck, der etwas Farbe in unseren grauen Alltag bringen soll; oder aber ganz einfach als Datumsanzeiger, als täglicher Abreißkalender. Gute Umsätze verzeichnen die „Macher" solcher Produkte, denn Kalender braucht man immer. Vieles ist zwar beständig, das Datum ändert sich jedoch täglich. Das haben schon die Menschen in den alten Kulturen gewußt. Bereits die Babylonier zur Zeit des Königs Hammurapi (1728 bis 1686 vor unserer Zeit) waren in der Lage, die Zeit einzuteilen und zu berechnen. Aus dieser Zeit existieren Keilschriftenfunde, die auf eine Art Kalender schließen lassen. Auch die Griechen kannten bereits 500 Jahre vor Beginn unserer Zeitrechnung einen Kalender.

Das Wort „Kalender" selbst allerdings stammt aus dem Lateinischen. Die Römer gebrauchten die Bezeichnung „calendae" für den jeweils ersten Tag eines Monats. Daraus wurde etwa im 15. Jahrhundert die deutsche Bezeichnung für den Zeitweiser durch das Jahr entlehnt.

Bei der Einteilung der Zeit spielte schon immer die Beobachtung der Gestirne eine große Rolle. Die periodischen Umläufe von Sonne und Mond haben zusammen mit dem Wechselspiel der Jahreszeiten bei den Menschen religiöse Vorstellungen erweckt. So besaß der Kalender stets auch eine kultische Funktion.

Die gebräuchlichsten Zeiteinteilungen richten sich entweder nach dem (scheinbaren) Lauf der Sonne oder aber nach dem Lauf des Mondes. So unterscheiden wir zwischen einem Sonnenjahr und einem Mondjahr. Das Sonnenjahr dauert 365¼ Tage. In dieser Zeit legt die Erde ihren Weg um die Sonne zurück. Das Mondjahr ist elf Tage kürzer und hat lediglich 354 Tage. Es besteht aus zwölf Umläufen des Mondes um die Erde.

Julius Cäsar führte im Römischen Reich im Jahre 46 vor unserer Zeit einen Kalender ein, der später als der „Julianische Kalender" in die Geschichte einging. Cäsar teilte die Zeit nach dem Sonnenjahr ein. Auf ihn geht auch die Einführung eines Schaltjahres zurück, das alle vier Jahre 366 Tage lang ist. Der Julianische Kalender war im Abendland bis zum Jahre 1582 in Gebrauch, ehe er durch den „Gregorianischen Kalender" ersetzt wurde, der auf Papst Gregor XIII. zurückgeht. Der Gregorianische Kalender berücksichtigt die Laufzeit der Erde um die Sonne noch genauer als die Berechnungen Cäsars.

Andere Länder, andere Sitten. Dies gilt auch für den Kalender. So folgt zum Beispiel die jüdische Zeitrechnung einem anderen Schema. Sie basiert auf dem Mondjahr von 354 Tagen und beginnt der Überlieferung nach mit der Schöpfung der Erde. Dem Jahr 1996 unserer Zeitrechnung entsprechen im jüdischen Kalender die Jahre 5756/57. Auch in der islamischen Welt wird nach dem Mondjahr gerechnet. Ausgangspunkt ist hier die Abreise des Propheten Mohammed von Mekka nach Medina am 16. Juli 622. Im Jahre 1996 unserer Zeitrechnung begann für die Moslems demnach das Jahr 1417.

Die großen Länder Asiens haben ebenfalls ihre eigenen Zeitrechnungen. Interessant ist die Einteilung der Jahre in China. Dort wird jedes Jahr einem besonderen Tier gewidmet. So hat am 19. 2. 1996 das Jahr der Ratte begonnen.

# Kirchenjahr

In der Kirche ist manches anders, warum nicht auch der Ablauf des Jahres? Das Kalenderjahr, man sagt auch das „bürgerliche Jahr", umfaßt ja bekanntlich die Spanne zwischen Neujahr und dem Silvestertag. Seine Länge ist auf 365 bzw. 366 Tage festgelegt und richtet sich nach dem vermeintlichen Lauf der Sonne. Die Unterteilung erfolgt in zwölf Monate, die mit Ausnahme des Februar entweder 30 oder 31 Tage haben. Der Februar ist lediglich 28 oder – bei einem Schaltjahr – 29 Tage lang.

Das Kirchenjahr dagegen wird im wesentlichen von den christlichen Festzeiten und von den einzelnen Sonntagen bestimmt. Es beginnt mit dem 1. Advent und endet mit dem Ewigkeitssonntag, dem letzten Sonntag des Kirchenjahres.

Das Wort „Kirchenjahr" selbst geht auf den Magdeburger Pfarrer und Katecheten Johann Pomarius zurück, der 1589 in einer Predigtanleitung den Begriff erstmalig verwandte.

Grob gesehen umfaßt der Kirchenjahreskreis zwei Hälften: das *Halbjahr der Feste* und die *festlose Zeit*, die auch das *Halbjahr der Kirche* genannt wird. Das Halbjahr der Feste beginnt mit der *Adventszeit*, die von der *Weihnachtszeit* abgelöst wird. Es folgt die *Epiphaniaszeit*. Nach den Sonntagen der *Vorpassionszeit* fängt die siebenwöchige *Passionszeit* an, die mit der *Karwoche* endet. Sieben Wochen dauert auch die *österliche Freudenzeit*, zu der der Tag *Christi Himmelfahrt* gehört. Als letztes der großen Kirchenfeste steht *Pfingsten* im Kalender. Schließlich bildet das Dreifaltigkeitsfest *Trinitatis* den Abschluß des Halbjahres der Feste.

Die festlose Zeit zählt einfach die Sonntage nach Trinitatis, ohne ihnen eigene Namen zu geben. Je nach dem Ostertermin gibt es bis zu 27 Sonntage nach Trinitatis.

In die festlose Zeit fallen zwar auch einige Feier- und Gedenktage, jedoch sind diese für die Liturgie der Kirche von geringerer Bedeutung.

Jedem Sonn- und Feiertag liegt neben den Lesungen auch ein bestimmter Predigttext zugrunde. Insgesamt gibt es sechs verschiedene Predigttextreihen, die aber für die Pastorinnen und Pastoren nicht bindend sind. Es ist jedoch gute Tradition, sich an diese vorgeschlagenen Bibeltexte zu halten.

Eine Art „Kalender" bilden die *liturgischen Farben* für das Kirchenjahr. Sie sind sichtbar in den Antependien, den Tüchern an Altar und Kanzel. *Weiß* gilt für alle Christusfeste (Weihnachten, Epiphanias, Ostern). *Violett* ist die Farbe der Buße und ist in der Adventszeit, der Passionszeit und am Buß- und Bettag zu sehen. *Rot* gilt als Farbe des Heiligen Geistes. Neben dem Pfingstfest wird es am Reformationstag sowie bei Konfirmationen und Ordinationen aufgelegt. *Grün* zeigt die festlose Zeit an. Neben der Vorpassionszeit hat das ganze festlose Halbjahr des Kirchenjahres grüne Antependien. Schwarz ist keine liturgische Farbe. In manchen Gemeinden gibt es aber den Brauch, am Karfreitag und am Totensonntag schwarze Antependien auszuhängen. Gelegentlich hat es sich in evangelischen Gemeinden eingebürgert, daß der Pastor oder die Pastorin im Gottesdienst eine Stola in den Kirchenfarben zum Talar trägt. Die römisch-katholischen Priester ziehen ohnehin Meßgewänder in den Kirchenfarben an.

Auch für die Kirchenmusik hat das Kirchenjahr eine besondere Bedeutung. Jedem Sonn- und Feiertag ist ein eigenes Lied zugeordnet. Darüber hinaus hat z. B. Johann Sebastian Bach für alle Sonntage des Kirchenjahres eigene Kantaten komponiert.

In der römisch-katholischen Kirche spielt das Kirchenjahr eine weniger prägende Rolle als in der evangelischen Kirche. Von herausragender Bedeutung sind hier die Festkreise um Ostern und Weihnachten. Ins Gewicht fallen daneben die Hochfeste, die mit Christus oder Maria im Zusammenhang stehen.

# Neujahr

„Das neue Jahr beginnt mit guten Vorsätzen und endet damit, daß alles beim alten geblieben ist." In dieser etwas bitteren Feststellung steckt ein Stück von der Erkenntnis, daß es sehr schwer ist, von lieben oder weniger lieben Gewohnheiten zu lassen. Aber trotz gelegentlicher Enttäuschung bietet ein neuer Anfang immer wieder die Gelegenheit zu einer kritischen Überprüfung des Vergangenen.

Seit alters her gilt der erste Tag eines neuen Jahres als solch ein besonderer Einschnitt. Mit der Einführung der Kalender als Einteilung eines Jahres wurde der Neujahrstag zum besonderen Ereignis. So feierten die Römer am ersten Tag ihres Jahres ein rauschendes Fest mit großen Eß- und Trinkgelagen. Außerdem bereiteten sich die Menschen im Römischen Reich am Neujahrstag Geschenke. Die Babylonier dagegen benutzten ihren Neujahrstag zu einer Art Aufführung des Schöpfungsmythos. Sie feierten so den Sieg des Schöpfergottes Marduk über den Chaosdrachen. Wieder anders ist es im Judentum. Hier bläst am Neujahrstag der Rabbiner auf dem Schofar, einem Widderhorn. Dieser Brauch soll an die Opferung eines Widders an Stelle von Isaak erinnern, wie sie 1. Mose 22 erzählt wird.

Das Christentum tat sich erst schwer mit der Feier des Neujahrsfestes, da dieser Tag stark mit heidnischen Bräuchen besetzt war. Erst vom sechsten Jahrhundert an gedachten die Christen des Jahresanfangs. Um sich von den Heiden abzugrenzen, begingen sie ihn aber als Buß- und Fasttag. Gleichzeitig erinnerte der Neujahrstag auch an die Beschneidung und Namensgebung Christi am achten Tag nach der Geburt (Lukas 2, 21). Eine liturgische Feier des Neujahrstages als Jahresanfang entstand erst im 18. Jahrhundert.

Die römisch-katholische Kirche begeht den Neujahrstag im wesentlichen als Hochfest der Gottesmutter Maria.

Wie jedes Fest, so hat auch der Neujahrstag sein eigenes Brauchtum. Aus heidnischer Zeit stammen die ausschweifenden Feiern mit Trinkgelagen und Tanzveranstaltungen. Dieses wurde natürlich von der Kirche abgelehnt, denn Neujahr war zum Buß- und Fasttag erklärt worden. Bis ins Mittelalter hinein wurde das fröhliche Treiben von der Kirche bekämpft. Sicher haben auch unsere Feiern zum Jahreswechsel ihren Ursprung in den heidnischen Festen. Auch die römische Sitte, sich zum Jahresbeginn zu beschenken, hat in der nachchristlichen Zeit ihre Fortsetzung gefunden. Vor allem in höfischen Kreisen lebte dieser Brauch etwa im neunten Jahrhundert erneut auf. Vom Mittelalter an setzte sich diese Sitte auch in bürgerlichen Kreisen fort. Die Geschenke bestanden oftmals aus Backwaren und Naschwerk. Vielleicht hat hier der „Hefe-zopf" seinen Ursprung. Bekannt sind auch heute noch die „Neujähr-chen", Hörnchen aus dünnen Waffeln, den sogenannten „Eiserkuchen" ähnlich.

Auch das Musizieren zum Neujahr ist eine Sitte, die sich bis in die Gegenwart erhalten hat. Das neue Jahr wurde mit Liedern begrüßt, es wurde „angesungen". Die Neujahrskonzerte, wie sie heute üblich sind, hängen mit diesem Brauchtum eng zusammen. Das Neujahrskonzert in Wien wird jedes Jahr in die ganze Welt übertragen.

Das Militär hatte eine eigene Art der Begrüßung eines neuen Jahres: Es wurden Kanonenschüsse abgegeben. Dies galt als eine Art „Ehren-salut", wie er bei der Begrüßung von Herrschern üblich war. Hier ist wohl eine Wurzel für das Feuerwerk zum Jahreswechsel zu suchen, das in jeder Neujahrsnacht Millionenbeträge verschlingt. Eine andere Wur-zel liegt in der Vorstellung, die bösen Geister durch den Lärm vertreiben zu wollen. Eine sinnvolle Alternative zu dem kostspieligen Feuerwerk ist die Aktion „Brot statt Böller", zu der die Kirchen in jedem Jahr auf-rufen. Hier soll das Geld, das sonst buchstäblich in die Luft gejagt wird, zur Linderung des Hungers in der Welt verwandt werden.

Aberglauben ist natürlich auch vom Beginn eines neuen Jahres kaum zu trennen. Viele Orakelbräuche hingen mit dem Jahreswechsel zusam-men. Man versuchte, hinter das Geheimnis der Zukunft zu gelangen. Jedes Jahr haben um diese Zeit die Astrologen und Wahrsager Hochkon-junktur. Die Branche verzeichnet Millionenumsätze durch Horoskope und astrologische Kalender. Auch das Bleigießen, wie es in der Neu-jahrsnacht in vielen Familien praktiziert wird, hängt mit diesen alten Orakelbräuchen zusammen. Letztlich ist auch der Wunsch „Prosit Neu-jahr" im Aberglauben verwurzelt. Auf das neue Jahr wird „angestoßen", damit es gut wird. Glückwünsche zum neuen Jahr sind allgemein üblich. So wird der Wunsch auf eine glückliche Zukunft zum Ausdruck ge-bracht. Früher war besonders der Herrscher der Adressat dieser Wün-sche. Er empfing seine Untertanen, die ihm dann huldigten. Ein Über-bleibsel dieses Brauchs sind die Neujahrsempfänge, wie sie auch in Demokratien durchaus üblich sind. Auch Verbände, Konzerne und Ver-eine veranstalten heute vielfach Neujahrsempfänge. Gelegentlich gibt es diesen Brauch auch in kirchlichen Kreisen. Dort kommt man aber nicht zusammen, um Herrschern zu huldigen, sondern um das neue Jahr vor Gott zu bringen.

So ist auch das Glockenläuten in der Neujahrsnacht ein Ruf zum Ge-bet. Die Christen werden aufgefordert, Gott für das vergangene Jahr zu danken und ihn um sein Geleit durch das neue Jahr zu bitten.

# Epiphanias (Erscheinungsfest)

Der Weihnachtsfestkreis klingt aus mit einem Tag, der im Bewußtsein der Menschen eigentlich nicht so stark verankert ist. Er hat im Volksbrauch einem anderen Feiertag Platz machen müssen, der ebenfalls am 6. Januar begangen wird, dem Tag der „Heiligen Drei Könige".

Dabei ist das Epiphaniasfest wohl das älteste Fest, das die Christenheit selbst hervorgebracht hat, ohne es der jüdischen Tradition zu entlehnen. Die frühesten Zeugnisse für seine Feier stammen aus dem vierten Jahrhundert. Damals hat die Gruppe der Basilidianer in Alexandria (Ägypten) Schriften verfaßt, in denen das Epiphaniasfest erwähnt ist. Der Name stammt aus dem Griechischen und bedeutet „Erscheinung". Im Gegensatz zu heidnischen Gotteserscheinungen offenbart sich der Gott des Neuen Testamentes aber nicht in glanzvoller Herrlichkeit, sondern in dem Menschen Jesus von Nazareth, der als Kind in aller Armseligkeit zur Welt kommt. „Weil Gott in tiefster Nacht erschienen, kann unsere Nacht nicht traurig sein", so heißt es in einem modernen Kirchenlied zu Weihnachten. Ursprünglich fand die Feier der Epiphanie wohl auch in der Nacht des 5. Januar statt. In ihr wurde der Geburt Jesu gedacht. Gleichzeitig verband man es aber auch mit dem Gedenken an die Taufe Jesu. Gelegentlich wird vermutet, daß ursprünglich an diesem Tag das Geburtsfest des ägyptischen Gottes Aion begangen wurde, den man mit Wasserriten am Nil verehrte. Die Basilidianer kannten offenbar diese Tradition und deuteten sie auf Geburt und Taufe Jesu um. Eventuell begingen sie den Epiphaniastag auch, indem sie selbst Menschen tauften.

Gegen Ende des vierten Jahrhunderts verlor in der abendländischen Kirche der Epiphaniastag seine Bedeutung als Geburtsfest Jesu zugunsten des Weihnachtsfestes, dem eine immer größere Wichtigkeit zukam.

In der Liturgie wird das Epiphaniasfest durch die Lesungen Jesaja 60, 1–6 und Matthäus 2, 1–12 mit den Weisen aus dem Morgenland verbunden. Gott läßt die Erscheinung seines Messias auch der heidnischen Welt kundtun. Die mittelalterliche Volksfrömmigkeit schmückte die Evangelienlesung durch Legenden derartig aus, daß aus Epiphanias der Tag der „Heiligen Drei Könige" wurde.

# Heilige Drei Könige

„Als Jesus in Bethlehem in Judäa geboren war, zur Zeit des Königs Herodes, da kamen Weise aus dem Morgenland nach Jerusalem und fragten: Wo ist der neugeborene König der Juden? Wir haben seinen Stern im Morgenland gesehen und sind gekommen, um ihn anzubeten." So beginnt die Geschichte, die der Volksmund mit „Die Heiligen Drei Könige" überschreibt (Matthäus 2, 1 und 2). Dabei ist hier weder von einer Dreizahl die Rede, noch handelt es sich um Heilige oder gar Könige. Ein Vergleich der einzelnen Evangelien macht darüber hinaus deutlich, daß die Erzählung ohne Parallelen ist, somit also zum Sondergut des Evangelisten Matthäus gehört. Wie kommt es, daß eine biblische Geschichte in der Meinung der Menschen derartig umgedeutet wurde?

Ein Schlüssel dafür liegt wohl in der Liturgie des Epiphaniastages, zu dem die Erzählung als Evangelienlesung gehört. In der alttestamentlichen Lesung für diesen Tag heißt es nämlich (Jesaja 60, 3): „Die Heiden werden zu deinem Lichte ziehen und die Könige zum Glanz, der über dir aufgeht." Somit wurden die heidnischen Magier aus dem Orient zu Königen. Die Dreizahl erschließt sich wohl aus den Geschenken, die die Weisen dem Kind überbrachten: Gold, Weihrauch und Myrrhe. Aus Rußland stammt übrigens eine Legende, die von einem vierten König berichtet. Schon früh haben jene gelehrten Männer aus dem Orient der Volksfrömmigkeit Anlaß zur Legendenbildung gegeben. So wurde erzählt, daß ihre Heimreise zwei Jahre gedauert habe. Aber auch in ihren Wohnorten sollen sie von dem Erlebnis der Begegnung mit dem Christuskind nicht losgekommen sein. So berichten die Legenden, daß sie der Apostel Thomas taufte und daß sie auch nach ihrem Tode noch zahlreiche Wunder wirkten. Seit dem neunten Jahrhundert weiß die Legende auch die Namen der „Könige" zu berichten: Kaspar, Melchior und Balthasar. Der Name Kaspar ist aus dem Persischen entlehnt und bedeutet „Schatzmeister"; Melchior ist hebräischen Ursprungs und heißt „Gott des Lichtes"; Balthasar schließlich drückt in der aramäischen Sprache den Wunsch „Gott schütze das Leben des Königs" aus.

Vielfach werden die drei Männer unterschiedlich alt dargestellt. Sie sollen die drei Lebensstufen (Jüngling, Mann, Greis) symbolisieren. Außerdem repräsentieren sie die drei damals bekannten Erdteile: Asien, Afrika und Europa. Von daher wird einer der „Könige", zumeist Kaspar, mit schwarzer Haut abgebildet. Die umfangreichste Sammlung von Legenden der Heiligen Drei Könige stammt von Johannes von Hildesheim, der im 14. Jahrhundert in Frankreich und in Norddeutschland wirkte. Der Überlieferung nach liegen die Gebeine der Könige seit 1164 im

Kölner Dom. Dorthin überführten Kaiser Friedrich Barbarossa und der damalige Kölner Erzbischof Rainhard von Dassel sie aus Mailand. Zwischen 1794 und 1803 wurde der „Dreikönigsschrein" wegen drohender Kriegsgefahr ausgelagert und heimlich in die Abtei Wedinghausen bei Arnsberg in Westfalen gebracht. Von daher gibt es im Sauerland noch heute eine lebendige Dreikönigstradition. Höhepunkt der Verehrung jener gelehrten Männer aus dem Orient ist aber nach wie vor der feierliche Gottesdienst am 6. Januar vor dem Dreikönigsschrein im Kölner Dom.

Eine Reihe von Volksbräuchen knüpft sich an den Dreikönigtag. Die wohl bekannteste Sitte stellt das *Dreikönigssingen* dar. Ursprünglich erklangen an diesem Tag noch einmal in den Familien und Nachbarschaften die Weihnachtslieder. Danach segneten die Menschen ihre Häuser und schrieben mit Kreide über die Türbalken die Buchstaben C + M + B, was keineswegs die Anfangsbuchstaben von Kaspar, Melchior und Balthasar darstellt, sondern sich vom lateinischen „Christus mansionem benedicat" ableitet und „Christus segne dieses Haus!" bedeutet. Seit dem 16. Jahrhundert wird dieser Segenswunsch von den *Sternsingern* über die Türpfosten geschrieben. Als Könige verkleidete Kinder wandern singend von Haus zu Haus und sammeln Gaben ein. Während damals die armen Kinder auf diese Weise für sich selbst Nahrungsmittel erbaten, ziehen heute die Sternsinger von Tür zu Tür, um für notleidende Menschen in aller Welt zu sammeln. So haben seit 1959 die Sternsinger auf diese Weise fast 300 Millionen Mark ersungen, die besonders Hilfsprojekten in Asien, Südamerika und Afrika zugute kamen. Jährlich beteiligen sich rund 420.000 Sternsinger an dieser Aktion.

Auch das „Kasperle" aus dem Puppentheater hängt übrigens mit den Heiligen Drei Königen zusammen. Im 14. Jahrhundert kamen *Dreikönigsspiele* auf, in denen szenische Darstellungen aus den Legenden gezeigt wurden. Dabei wurde der schwarze König Kaspar vielfach zu einer Art Spaßvogel. Diese Figur wurde dann von Puppenspielern übernommen und in ihre Theaterstücke übertragen.

Die Heiligen Drei Könige werden seit langer Zeit auch als die Schutzpatrone der Reisenden verehrt. Daran erinnern noch heute die Namen vieler alter Gasthäuser, die den Namen „Stern", „Krone" oder „Mohr" tragen.

# Allianz-Gebetswoche

„Die Geschichte der Kirche ist eine Geschichte der Spaltungen", so wird es den Christen immer wieder vorgeworfen. Wenn man sich die Vielzahl der Konfessionen ansieht und darüber hinaus die Konflikte betrachtet, mit denen sich Kirchen gegenseitig überziehen, dann mögen solche Kritiker uneingeschränkt recht haben. Daß es aber in der Geschichte der Kirche auch stets mannigfache Bemühungen um die Einheit gegeben hat, wird dabei vielfach übersehen. „Denn wie der Leib Christi einer ist und doch viele Glieder hat, alle Glieder des Leibes, obwohl es viele sind, doch einen Leib bilden: so auch Christus." Diese Mahnung des Apostels Paulus aus dem 1. Korintherbrief (Kapitel 12, 12) ist nicht ungehört geblieben. Bereits seit neutestamentlicher Zeit gab es Bestrebungen, über alles Trennende hinweg die Einheit der Christen zu betonen. Und gerade in den Zeiten nach den großen Kirchenspaltungen wurden viele nicht müde, auf die Einheit des Leibes Christi hinzuweisen, selbst wenn dadurch die Trennungen nicht rückgängig gemacht werden konnten. So erklärten im Jahre 1530, also im Zeitalter der Reformation, die Väter des „Augsburger Bekenntnisses" im 7. Artikel: „Es gibt eine heilige Kirche, die immer bleiben wird. Die Kirche aber ist die Versammlung der Heiligen, in der das Evangelium rein gelehrt und die Sakramente recht verwaltet werden. Und zur wahren Einheit der Kirche ist es genug, daß man übereinstimme in der Lehre des Evangeliums und in der Verwaltung der Sakramente. Es ist nicht notwendig, daß die menschlichen Traditionen und die Riten und die Zeremonien, welche von Menschen eingeführt wurden, sich überall gleichen." Aber um die „reine" Lehre des Evangeliums und die „rechte" Verwaltung der Sakramente entstanden immer wieder Lehrstreitigkeiten, die es schwermachten, entstandene Gräben zu überwinden. Unionsbestrebungen zwischen Reformierten und Lutheranern waren wohl schon in den Marburger Religionsgesprächen von 1529 zu erkennen, aber bis zu einer wirklichen Akzeptanz der beiden evangelischen Konfessionen war noch ein weiter Weg. Auch die 1817 vollzogene Union von Lutheranern und Reformierten in Preußen war mehr ein Akt politischer Willkür als theologischer Einsicht. König Friedrich Wilhelm III. ließ sogar Militär aufmarschieren, um seine Vereinigungspläne durchzusetzen.

Ein wichtiges Datum für die Annäherung der verschiedenen evangelischen Konfessionen stellt das Jahr 1846 dar. Damals versammelten sich in London fast 1000 Vertreter aus 50 verschiedenen Kirchen und Gemeinschaften Europas und Amerikas, um das Streben nach Einheit der Christen zu unterstreichen. Sie beriefen sich dabei auf den Satz aus dem hohenpriesterlichen Gebet Jesu: „Damit sie eins sind, so wie wir eins sind" (Johannesevangelium 17, 21). Am Ende dieser Zusammenkunft stand die Gründung der *„Evangelischen Allianz"*, die sich aber nicht als ein Kirchenbund, sondern als ein Bündnis von Christen versteht, die dem Evangelium gemäß leben wollen. Dabei spielt die Autorität der Heiligen Schrift als des verbindlichen Wortes Gottes eine besonders große Rolle.

Rasch breitete sich der Allianzgedanke über Europa und Amerika aus. Zu den deutschen Teilnehmern der Londoner Konferenz gehörten unter anderem der Hallenser Theologieprofessor Friedrich August Tholuck, der auch als Erweckungsprediger einen Namen hatte, sowie der Hamburger Baptist Johann Gerhard Oncken. Durch sie und einige andere wurde die neue Bewegung in Deutschland rasch bekannt. 1853 versammelten sich in Hamburg evangelische Christen aus unterschiedlichen Konfessionen, um eine Allianz ins Leben zu rufen. Aber auch in anderen Städten trafen sich Gleichgesinnte, um gemeinsam zu beten und die Bibel zu lesen. 1894 kam es in Berlin zu einer ersten deutschen Allianzkonferenz mit zahlreichen Teilnehmern aus verschiedenen Landes- und Freikirchen.

Von allem Anfang an hat zu den Aktivitäten der Allianz die Durchführung einer weltweiten *Gebetswoche* gehört. Dazu treffen sich jeweils in der ersten vollen Woche im Januar Männer (und später auch Frauen) aus den einzelnen Kirchen und Gemeinschaften. Nach einer biblischen Besinnung steht das gemeinsame, freie Gebet im Mittelpunkt der Zusammenkünfte. Für die jeweiligen Gebetsanliegen der einzelnen Abende werden vom 22köpfigen Hauptvorstand der Deutschen Evangelischen Allianz Empfehlungen erarbeitet. Diese *Allianz-Gebetswoche* findet auch heute noch Jahr für Jahr in vielen Städten Deutschlands und der ganzen Welt statt. Neben den jährlichen Gebetswochen gehören nationale und internationale Glaubenskonferenzen und Großevangelisationen zu den Anliegen der Allianz. Darüber hinaus werden auf örtlicher Ebene zahlreiche Veranstaltungen durch Kirchen und Gemeinschaften getragen, die auf der Basis der Allianz zusammenarbeiten wollen.

Außer der Allianz-Gebetswoche kommen Christen aus verschiedenen Kirchen zweimal im Jahr zusammen, um jeweils eine *Ökumenische Gebetswoche für die Einheit der Christen* zu halten (in der Woche vom 18. bis zum 25. Januar und in der Woche nach dem Sonntag „Rogate" = bittet!). Dieser Brauch geht auf den französischen Priester Paul Couturier zurück, der Anfang dieses Jahrhunderts in Lyon evangelische und römisch-katholische Christen zusammenrief, um das zu tun, was sie eint: Im Gebet ihre Anliegen vor Gott zu bringen. Papst Benedikt XV. führte diese Gebetswochen für die römisch-katholische Kirche offiziell ein. Durch die „Weltkonferenz für Glauben und Kirchenverfassung" im

Jahre 1940 wurden sie von den nichtrömischen Kirchen übernommen und im Jahre 1954 während der Vollversammlung des Ökumenischen Rates der Kirchen in Evanston allen christlichen Kirchen empfohlen.

# Verklärung des Herrn

Das Fest „Verklärung des Herrn" wird in der Christenheit an unterschiedlichen Daten gefeiert. Während es die evangelischen Kirchen weitgehend am letzten Sonntag nach Epiphanias begehen, liegt es in der römisch-katholischen Kirche auf dem 6. August.

Die Evangelisten Markus, Matthäus und Lukas berichten davon, daß Jesus sich den Jüngern Petrus, Johannes und Jakobus auf einem Berg in seiner ganzen messianischen Herrlichkeit zeigte. Einer späteren Legende nach soll dieser Berg der Berg Tabor südwestlich des Sees Genezareth gewesen sein.

Erscheinungen (Epiphanien) sind in der jüdisch-christlichen Glaubenswelt nicht unbekannt. Bereits das Alte Testament weiß davon zu berichten. So werden zum Beispiel die Gottesoffenbarungen des Mose (2. Mose 3 und 19), des Elia (1. Könige 19) und des Jesaja (Jesaja 6) erzählt. Im Neuen Testament ist in diesem Zusammenhang vor allem das letzte Buch der Bibel zu nennen, die Offenbarung des Johannes. In ihr schildert der Seher Johannes in einer dichten Fülle seine Visionen der Endzeit und einer neuen Welt.

Die Feier der Verklärung des Herrn hat in der Ostkirche seit dem vierten Jahrhundert eine Bedeutung. Zahlreiche Ikonen mit der Darstellung dieser biblischen Geschichte geben davon Zeugnis. In der westlichen Kirche ist das Verklärungsfest erstmals im neunten Jahrhundert in Spanien belegt. Unter Papst Kalixtus III. (1455–1458) gewann es in der römischen Kirche eine neue Sinngebung. Man feierte es als Dankfest für den Sieg eines Kreuzheeres über die Türken am 22. 7. 1456 bei Belgrad. Durch diesen Sieg war für das sogenannte christliche Abendland die Gefahr einer Islamisierung abgewendet worden. Als Feiertag wurde im Jahre 1457 der 6. August festgelegt. Die evangelische Kirche betont durch die Feier des Verklärungsfestes am Ende der Epiphaniaszeit in besonderer Weise, daß Jesus der menschgewordene Gottessohn ist.

# Darstellung des Herrn
# (Mariä Lichtmeß)

„Und als die Zeit ihrer Reinigung nach dem Gesetz des Mose um war, brachten sie ihn nach Jerusalem, um ihn dem Herrn darzustellen." So erzählt der Evangelist Lukas im 2. Kapitel im Anschluß an die Weihnachtsgeschichte. Er beruft sich dabei auf eine Vorschrift aus dem Gesetz des Mose, nach der alle männlichen Erstgeborenen am 40. Tag nach der Geburt Gott anvertraut werden sollten. Gleichzeitig mußte sich die Mutter des Kindes durch die Darbringung eines Opfers reinigen (vergleiche 2. Mose 13, 2 sowie 3. Mose 12, 1–8). Diese biblische Geschichte ist der Anlaß für das Fest, das am 2. Februar begangen wird: *Darstellung des Herrn.* Bereits aus dem vierten Jahrhundert gibt es erste Zeugnisse für diesen Gedenktag. Ursprünglich feierte man die Darstellung Jesu am 14. Februar, da ja das Geburtsfest Jesu am 6. Januar begangen wurde (6. Januar + 40 Tage = 14. Februar). Nachdem sich aber gegen Ende des vierten Jahrhunderts der 25. Dezember als Feier der Geburt Jesu durchsetzte, wurde die Darstellung Jesu auf den 2. Februar vorverlegt. Die Ostkirche (orthodoxe Kirche) kennt den Gedenktag ebenfalls, nennt ihn aber in Erinnerung an die Begegnung Jesu mit dem greisen Simeon „Begegnung des Herrn" (Lukas 2, 25–35).

Ursprünglich wurde dieser Tag als Christusfest begangen, jedoch gelangte im Zuge einer wachsenden Marienfrömmigkeit die Mutter Jesu mehr und mehr in den Vordergrund. Mitte des siebten Jahrhunderts wurden zunächst in Rom und dann in der übrigen westlichen Kirche am 2. Februar Kerzen geweiht und in einer Lichterprozession durch die Straßen getragen. So wurde aus dem Gedenktag der Darstellung des Herrn das Fest Mariä Lichtmeß. Die Kerzenweihe und die Lichterprozession erinnerten an die Weissagung Simeons „Meine Augen haben deinen Heiland gesehen. ... ein Licht, zur Erleuchtung der Heiden" (Lukas 2, 30–31). Der Brauch der Kerzenweihe wird noch heute in vielen römisch-katholischen Gemeinden gepflegt. Dabei betet der Priester:

> Gott, du Quell und Ursprung allen Lichtes, du hast am heutigen Tag dem greisen Simeon Christus geoffenbart als das Licht zur Erleuchtung der Völker. Segne die Kerzen, die wir in unseren Händen tragen und zu deinem Lob entzünden. Führe uns auf dem Weg des Glaubens und der Liebe zu jenem Licht, das nie verlöschen wird.

Eine weitere Sinngebung erhielt der 2. Februar etwa im zehnten Jahrhundert. Dabei besann man sich auf die vorgeschriebene kultische Reinigung einer jüdischen Wöchnerin, der sich ja auch Maria unterzogen hat. Man nannte diesen Tag dann *Mariä Reinigung*. Bei der Liturgiereform der römisch-katholischen Kirche im Jahre 1960 wurde der Gedenktag wieder zu einem Christusfest mit dem Namen „Darstellung des Herrn". Mit dem 2. Februar ist der Weihnachtsfestkreis endgültig abgeschlossen. In den römisch-katholischen Kirchen werden die Krippen abgebaut und die Tannenbäume entfernt.

Eng mit „Lichtmeß" verbunden ist der Gedenktag des heiligen Blasius, der am 3. Februar begangen wird. Blasius, um 315 Bischof von Armenien, starb als Märtyrer und zählt zu den 14 Nothelfern. An seinem Gedenktag wird in vielen römisch-katholischen Kirchen der sogenannte *Blasiussegen* gespendet. Eigentlich ist dieser Brauch ein Lichtsegen. Der Priester spricht das Segenswort der Gemeinde über zwei kreuzförmig gehaltenen brennenden Kerzen zu. Der Legende nach soll der Blasiussegen gegen Halskrankheiten wirksam sein.

Auch im Volksbrauchtum spielt der 2. Februar eine Rolle. Mit diesem Datum begann in ländlichen Gegenden früher die Feldarbeit. Die Knechte und Mägde bekamen ihren Arbeitslohn für das ganze Jahr, konnten zu diesem Zeitpunkt aber auch ihre Stelle wechseln. „Lichtmeß machen" hieß im Sprachgebrauch soviel wie „den Dienst aufkündigen". Die Arbeitskräfte erhielten zwischen den Dienstjahren auch ein paar freie Tage, die für Tanz und Feierlichkeiten genutzt wurden. „Schlenkeltage" wurde diese freie Zeit im alpenländischen Raum genannt. Oftmals waren sie mit Bräuchen verbunden, mit denen die Dämonen des Winters vertrieben werden sollten. So gibt es natürlich auch Wetterregeln, die mit dem Lichtmeßtag verbunden sind.

# Valentinstag

Seit gut 30 Jahren wird auch in unseren Breiten ein Tag immer populärer, der in Amerika und in England seit langer Zeit ein fester Bestandteil des Brauchtumskalenders ist, der Valentinstag am 14. Februar.

Valentin war der Überlieferung nach ein römischer Mönch des dritten Jahrhunderts. Er hatte es sich zur Aufgabe gemacht, Brautpaare christlich zu trauen und damit einen Gegensatz zur Verehrung der Liebesgöttin Juno zu schaffen. Nach heidnischem Brauch hatte nämlich Juno ihre Hand im Spiel, wenn es um das Zueinanderfinden von Liebespaaren ging. Die Legende erzählt, daß die christliche Trauung von Paaren dem Kaiser Marcus Aurelius Claudius Goticus gar nicht gefiel. Er fürchtete, seine Soldaten würden sich mehr um ihre Frauen als um ihr Kriegshandwerk kümmern. So verbot er die Trauungszeremonie und ließ Valentin hinrichten. Dies soll am 14. 2. 269 geschehen sein. Zur Erinnerung beschenkten sich Liebende an seinem Gedenktag mit Blumen.

Im Laufe der Jahrhunderte hat sich das Gedenken an Valentin weitgehend auf England, Amerika und Frankreich beschränkt. Über Amerika ist in der Nachkriegszeit der Valentinstag wieder nach Deutschland gekommen, wo er sich zunehmender Beliebtheit erfreut. Besonders die Blumenhändler und die Geschäfte mit Geschenkartikeln freuen sich natürlich über die zunehmende Neubesinnung auf dieses Fest. Aber auch Beschenkte lassen sich den Valentinstag meist gern gefallen.

Auch um Valentin ranken sich manche Legenden. So soll er junge Paare, die an seinem Klostergarten vorbeikamen, gern mit Blumen überrascht haben. Auch von Wundern und Krankenheilungen wird berichtet.

# Weltgebetstag der Frauen

„Ein Freitag im März ist ein Fenster zur Welt, ein Tag voller Phantasie und Liebe, ein ökumenisches Datum, ein Lichtblick in der Männerkirche." So beschreibt die Theologin und Publizistin Angelika Schmidt-Biesalski in einem Buch den Weltgebetstag der Frauen. Inzwischen kann diese Bewegung auf eine mehr als hundertjährige Geschichte zurückblicken. In rund 180 Ländern der Erde versammeln sich am ersten Freitag im März (oder in der Passionszeit) Frauen zum gemeinsamen Gebet. Dabei erarbeiten jeweils Frauen eines Landes die Gottesdienstordnung für alle Teilnehmerinnen des Gebetstages in der ganzen Welt.

Wie so vieles in der neueren Geschichte kommt der Weltgebetstag aus Amerika. Dort rief im Jahre 1887 Darwin James, eine presbyterianische Christin, die Frauen ihres Landes zu einem Gebetstag für die Innere Mission auf. Ihr lag dabei besonders der Kampf gegen die soziale Unterdrückung und Ausbeutung der Frauen am Herzen. Drei Jahre später veröffentlichten zwei baptistische Frauen einen Aufruf zum Gebet für Anliegen der Äußeren Mission. Auch ihnen ging es vordringlich um die Solidarisierung mit den Anliegen der Frauen in der ganzen Welt. Nachdem Anfang der zwanziger Jahre beide Gebetstage auf den ersten Freitag der Passionszeit zusammengelegt wurden, breitete sich die Bewegung rasch über die englischsprechenden Länder der verschiedenen

Kontinente aus. Bereits 1927 wurde der erste „Weltgebetstag" gefeiert. Dabei beteiligten sich Frauen aus verschiedenen Ländern an der Ausarbeitung der Gebetsordnung. Auch in Deutschland fanden sich in methodistischen Gemeinden Frauen zur Mitarbeit bereit. Nach dem Krieg belebten die Frauen amerikanischer Soldaten in Berlin die Weltgebetstagsidee neu, indem sie deutsche Christinnen zur Mitarbeit einluden. Damit wurden erste Schritte zur Versöhnung und zum Frieden zwischen den ehemaligen Kriegsgegnern unternommen. Schnell dehnte sich die Bewegung über ganz Deutschland aus. Während in den Nachkriegsjahren zunächst die Unterstützung der Flüchtlings- und Aussiedlerfrauen im Mittelpunkt der Arbeit stand, geht es heute in besonderer Weise um die Anliegen der Frauen in den Ländern der sogenannten Dritten Welt.

Inzwischen ist aus der Idee des Weltgebetstages der Frauen eine der größten Laienbewegung der Ökumene geworden. Seit dem Zweiten Vatikanischen Konzil (1962–1965) arbeiten auch immer mehr römisch-katholische Christinnen mit. Damit ist Wirklichkeit geworden, was Anneliese Lissner, die Generalsekretärin der Katholischen Frauengemeinschaft Deutschlands, geschrieben hat: „Frauen haben erreicht, worum sich die Kirchen unter Führung der Männer seit langem mühen: geschwisterliche Einheit."

# Josefstag

Über den „gesetzlichen" Vater Jesu, dessen Gedenktag am 19. März begangen wird, wissen wir nur wenig. Der biblische Befund ist nicht sehr ergiebig. Im Matthäus- und im Lukasevangelium wird er im Stammbaum Jesu als Nachfahre des Königs David bezeichnet. Josef (oder Joseph) war Zimmermann in Nazareth. Im Johannesevangelium wird er an zwei Stellen als Vater Jesu bezeichnet, das Markusevangelium erwähnt ihn gar nicht. In außerbiblischen Quellen, wie zum Beispiel den sogenannten Kindheitsevangelien (Protevangelium des Jakobus und Thomasevangelium), finden wir in legendenhafter Weise erheblich mehr Darstellungen aus dem Leben Josefs. So soll er ein alter Witwer gewesen sein, der aus erster Ehe Söhne in die Verbindung mit Maria einbrachte. Auf diese Art und Weise wird das Problem der Brüder Jesu gelöst, von denen im Neuen Testament die Rede ist, obwohl Maria doch eine Jungfrau blieb. Andere Legenden berichten davon, daß Josef schon in den Jünglingsjahren Jesu starb, weil er nach der Erzählung vom zwölfjährigen Jesus im Tempel (Lukas 2, 41–52) in der Bibel nicht mehr in Erscheinung tritt.

Eine besondere kirchliche Verehrung Josefs tritt erst im zwölften Jahrhundert auf. Von da an aber wuchs sie beständig. Zahlreiche Kirchen und Klöster tragen seinen Namen. In der Allerheiligenlitanei wird er seit 1729 angerufen. Die Josefsverehrung erreichte am 8. 12. 1870 einen Höhepunkt, als der damalige Papst Pius IX. den Heiligen zum Schutzpatron der ganzen Kirche erklärte. Sein Gedenktag am 19. März wird in der römisch-katholischen Kirche als sogenanntes Hochfest (gebotener Feiertag für die ganze Kirche) gefeiert. In einigen südeuropäischen Ländern gilt der Josefstag sogar als gesetzlicher Feiertag. Der gesamte Monat März und jeder Mittwoch ist der liturgischen Verehrung des Josef geweiht. Außerdem gilt der Heilige als der Schutzpatron der Handwerker. Deshalb ist ihm zusätzlich zum Josefstag noch ein weiterer Tag gewidmet: Seit 1955 feiert die römisch-katholische Kirche am 1. Mai das Fest „Josef, der Handwerker“. Daß Josef auch in wirtschaftlichen Angelegenheiten als Fürsprecher gilt, macht unter anderem der Name „Josefspfennig“ deutlich, bei dem in einer Sammlung für den bedürftigen Theologennachwuchs in den katholischen Bistümern Geld zusammengelegt wird.

# Frühlingsanfang

Die beste Zeit im Jahr ist mein,
da singen alle Vögelein,
Himmel und Erden ist der voll,
viel gut Gesang, der lautet wohl.

Martin Luthers Danklied von 1538 drückt wohl in unvergleichlicher Weise aus, was die Menschen seit alters her empfanden, wenn endlich die langen Winternächte vorbei waren und die Natur zu neuem Leben erwachte. In zahlreichen Liedern und Gedichten kommt das frohe Gefühl zum Ausdruck, endlich wieder frisches Grün zu sehen und die langsam ansteigenden Temperaturen zu spüren. Als einen mythologischen Kampf von Göttern, bei denen die Mächte der Finsternis und des Lichtes miteinander ringen, so wurde in zahlreichen Kulturen der Wechsel der Jahreszeiten dargestellt.

Dabei geht dieser Wechsel in Wahrheit recht prosaisch und natürlich vonstatten, wie uns Wissenschaftler vermitteln können. Die Zeitabschnitte des Jahres verdanken ihr Dasein nämlich der Tatsache, daß die Erdachse nicht in einem rechten Winkel (90°) zur Sonne steht, sondern daß sie etwas geneigt ist (ca. 66,5°). Dadurch hat jeder Punkt der Erde im Laufe eines Umlaufjahres eine stets wechselnde Entfernung zur Sonne. Und dieser Unterschied in der Entfernung macht die Temperaturschwankungen zwischen Winter (größte Sonnenentfernung) und Sommer (geringste Sonnenentfernung) aus. Dadurch erklärt sich übrigens auch, daß die Jahreszeiten auf der Südhalbkugel unserer Erde genau umgekehrt sind wie die Jahreszeiten auf der Nordhalbkugel.

Astronomisch gesehen beginnt der Frühling am 21. März. Die Sonne steht auf ihrer scheinbaren Bahn (Ekliptik) genau im Schnittpunkt mit dem Himmelsäquator, Tag und Nacht sind genau gleich lang. Ob es aber meteorologisch pünktlich Frühling wird, hängt von vielen anderen Faktoren ab. So kann es durchaus bereits im Februar recht warm sein, während im März oder April noch Schnee fällt.

Von alters her begrüßten die Menschen den Frühling mit besonderem Brauchtum. Neben fröhlichen Festen, bei denen man durchaus auch die sonst so strenge Fastenzeit durchbrach, wurden vielfach Feuer entzündet, Prozessionen durch die Felder veranstaltet und die Häuser mit frischem Grün geschmückt. Zahlreiche Oster- und Maibräuche haben ihre Wurzel in den Frühlingsfeiern. Auch das „Winteraustreiben", bei dem die szenische Darstellung eines Kampfes zwischen Winter und Sommer aufgeführt wurde, gehörte früher zu den weit verbreiteten Bräuchen dieser Jahreszeit.

Nur noch in der dichterischen Sprache wird die aus dem Althochdeutschen stammende Bezeichnung „Lenz" für den Frühling gebraucht. In diesem Wort steckt der Stamm „lang", der deutlich macht, daß im Frühling die Tage länger werden als die Nächte.

# Verkündigung des Herrn

Am 25. März (neun Monate vor Weihnachten) wird das Verkündigungsfest gefeiert. Dabei wird der Ankündigung der Geburt Jesu durch den Engel Gabriel gedacht, wie sie im 1. Kapitel des Lukasevangeliums erzählt wird. Seit dem fünften Jahrhundert ist das Verkündigungsfest in den östlichen Gemeinden bekannt. Hier wurde es als Christusfest ursprünglich in der Adventszeit gefeiert. Die abendländischen Gemeinden datierten es im siebten Jahrhundert auf den 25. März. Im Zuge einer wachsenden Marienverehrung wurde im Mittelalter aus dem Verkündigungsfest ein Marienfest (Mariä Verkündigung). Seit der Liturgiereform in der römisch-katholischen Kirche im Jahre 1960 wird der Tag wieder als Christusfest begangen.

# Karneval, Fastnacht, Fasching

Für rheinische Frohnaturen ist es die fünfte Jahreszeit, ernstere Zeitgenossen können mit dem ausgelassenen Treiben oft nur wenig anfangen. Die „tollen Tage" teilen unser Land nahezu auf. Da gibt es Gegenden, in denen das närrische Brauchtum sogar das öffentliche Leben mit einbezieht; in anderen Regionen ist dagegen kaum etwas oder überhaupt nichts von dem zu spüren, das je nach Landstrich als Karneval, Fastnacht oder Fasching bezeichnet wird. Das Wort „Karneval" ist seit dem 17. Jahrhundert im deutschen Sprachraum in Gebrauch. Es ist wohl aus dem italienischen „carnelevale" (= „Fleischwegnahme") abgeleitet. „Fasching" ist die bayrisch-österreichische Bezeichnung für das Wort „Fastnacht". So unterschiedlich die Namen auch sind, gemeint ist damit ursprünglich der letzte Tag vor der Fastenzeit, die mit dem Aschermittwoch beginnt und am Karsamstag endet. Der Vorabend vor dem Fasten wurde noch einmal zu einem fröhlichen Fest genutzt, bei dem auch die leiblichen Genüsse nicht zu kurz kamen, denn auf sie mußte ja nun sieben Wochen verzichtet werden. Seit dem 13. Jahrhundert genügte den Menschen dieser eine Tag nicht mehr. In das Feiern wurde die Woche zwischen den Sonntagen „Estomihi" und „Invokavit" mit einbezogen. Rund 250 Jahre später waren dann die „drei tollen Tage" der Höhepunkt der Festlichkeit. Sie begannen am Sonntag und endeten am Dienstag vor der Fastenzeit. Der *Rosenmontag*, der heute als wichtigster Tag der Karnevals- und Faschingszeit gilt, entstand erst um 1830 in Köln. Ebenfalls aus dem 19. Jahrhundert stammt der Brauch, am 11. 11. die närrische Zeit mit der Proklamation eines Karnevals-/Faschingsprinzen einzuläuten. Die Vorliebe für die Zahl Elf ist in ihrem Ursprung übrigens nicht geklärt. Die Wahl eines Prinzen zum „Herrscher" für die närrische Zeit sollte die Obrigkeit verulken. Ihm wurden „Garden" zur Seite gestellt, mit denen man sich über das Militär lustig machte.

Zu den ältesten Bräuchen der Faschingszeit zählen die farbenprächtigen *Umzüge*, bei denen die Närrinnen und Narren maskiert und mit viel Musik durch die Straßen ziehen. Der Wunsch zur Maskierung und Verkleidung ist ganz alten Ursprungs und hat eigentlich etwas mit dem Dämonenglauben zu tun. Wer maskiert war, konnte von den bösen Geistern nicht erkannt und behelligt werden. Von dieser Wurzel zeugen noch die Maskenaufzüge der alemannischen Fastnacht in Südwestdeutschland. Eine andere Herkunft für die Verkleidung zum Fasching liegt im höfischen Treiben. In den Fürstenhäusern gehörten Maskenfeste zur besonderen Belustigung des Adels. Die „Pappnase", wie sie vor allem im rheinischen Karneval heute vielfach benutzt wird, hat allerdings keinerlei historische Bedeutung.

Auf das Mittelalter zurück geht die *Weiberfastnacht*. Den Frauen, die vielfach auf das närrische Treiben vor der Fastenzeit verzichten mußten, wurde ursprünglich der Aschermittwoch als Tag für ihre Fröhlichkeit eingeräumt. Heute wird Weiberfastnacht am Donnerstag vor dem Karnevalssonntag gefeiert. An diesem Tag zogen früher einmal die Marktfrauen durch die Straßen und machten auf diese Weise ihr Recht auf Teilnahme am närrischen Treiben deutlich. In Köln und in München haben die Marktfrauen diese Tradition bis heute bewahrt.

Kappensitzungen mit *Büttenreden* sind ebenfalls rheinischen Ursprungs und stammen aus den zwanziger Jahren des letzten Jahrhunderts. Mit der Narrenkappe angetan, glossierte der Redner in witziger Weise Begebenheiten des Alltags oder Anordnungen der Obrigkeit. Damit knüpfte er an die Funktion der Hofnarren im Mittelalter an, denen das Recht zugestanden war, den Herrscher in angemessener und lustiger Weise zu kritisieren, ohne ihm allerdings zu nahe zu treten. Diese Kunst beherrschen heute nur noch wenige Büttenredner der Kappensitzungen.

*Fastnachtsspiele* gehörten im ausgehenden Mittelalter zum Brauchtum dieser Jahreszeit. Dabei wurden meist kurze Schwänke und Anekdoten aufgeführt, in denen vielfach das Verhalten der Obrigkeit bekrittelt wurde. Hochburg der Fastnachtsspiele war der fränkische Raum um Nürnberg. Zu den bekanntesten Autoren dieser Gattung gehört wohl Hans Sachs.

Die Stellung der Kirche zum Karneval und Fasching ist zwiespältig. Während ursprünglich das närrische Treiben nicht nur geduldet, sondern sogar verhalten gefördert wurde, rückte vor allem gegen Ende des Mittelalters die geistliche Obrigkeit immer mehr davon ab. Grund dafür war wohl der Spott, dem sich zunehmend auch die Priester und Bischöfe ausgesetzt sahen. Die Kirchen der Reformation bekämpften sogar die Feier der Fastnacht und verurteilten sie als heidnisches Treiben. Vor allem in römisch-katholischen Pfarreien gehört aber heute die jährliche Karnevalsfeier zum festen Bestandteil des Gemeindelebens, jedoch tun sich viele evangelische Kirchengemeinden nach wie vor schwer damit.

Die Fastnacht wird natürlich nicht nur in Deutschland gefeiert. Vor allem im Mittelmeerraum und in Südamerika hat der Karneval eine lange Tradition. Bekannt geworden sind die Feste in Venedig sowie in Rio de Janeiro. Unzählige Touristen reisen in jedem Jahr in diese Städte, um die farbenprächtigen Umzüge mitzuerleben. Aber auch in anderen Ländern gibt es durchaus den Karneval. In England hat man ihn allerdings ganz von dem ursprünglichen Datum der Fastnacht gelöst und begeht ihn im Juli oder August. Bei den Umzügen werden allerdings keine „Kamellen" (Bonbons) geworfen, sondern es wird für einen karitativen Zweck Geld gesammelt. Auf diese Weise kommen jährlich große Summen zur Unterstützung Bedürftiger zusammen.

# Aschermittwoch

„Am Aschermittwoch ist alles vorbei", so singt man im rheinischen Karneval. Irrtum! Am Aschermittwoch beginnt sie, die vierzigtägige Vorbereitungszeit auf Ostern. Der Karneval, der Fasching, die Fastnacht ist vorüber, das Fasten kann nun beginnen. 40 Tage fastete Jesus in der Wüste (Matthäus 4, 2), 40 Tage sollen auch die fasten, die nach ihm benannt sind. Im Kalender liegen übrigens zwischen Aschermittwoch und Ostern mehr als 40 Tage, aber die Sonntage (Gedenktage der Auferstehung) galten nicht als Fasttage. Etwa seit dem siebten Jahrhundert begann am Aschermittwoch die vierzigtägige Bußzeit für öffentliche Sünder. Sie liefen „in Sack und Asche" herum und waren bis zum Gründonnerstag aus der Abendmahlsgemeinschaft ausgeschlossen. Ihnen wurde Asche auf den Kopf gestreut. Damit waren sie für alle sichtbar als Sünder gekennzeichnet. Die Asche stammte aus den Palmzweigen, die am Palmsonntag des Vorjahres bei der Prozession getragen wurden. Damit sollte an die Bedeutung des Leidens und Sterbens Jesu erinnert werden.

Asche, von der der Aschermittwoch also seinen Namen hat, gilt seit alter Zeit als ein Zeichen der Wertlosigkeit, der Vergänglichkeit und des Todes. Schon Abraham sagte von sich: „Ich habe mich unterwunden, zu reden mit dem Herrn, wiewohl ich Erde und Asche bin" (1. Mose 18, 28). Auch Hiob saß zum Zeichen der Trauer in der Asche (Hiob 2, 8). Und auch zur Zeit Jesu war es üblich, in Sack und Asche Buße zu tun (Matthäus 11, 21). In der Symbolik hängt Asche mit Feuer zusammen. Feuer aber verwandelt, reinigt, schafft etwas Neues. So soll durch die Buße in der Asche ein verwandelter, ein neuer Mensch entstehen, gereinigt von seinen Sünden. Der Brauch der öffentlichen Buße ging später immer mehr zurück. Statt dessen entstand Ende des elften Jahrhunderts die Sitte, daß der Priester im Gottesdienst den Gläubigen ein Kreuz aus gesegneter Asche auf die Stirn zeichnete. Damit sollten sie zur Buße ermahnt werden.

In der römisch-katholischen Kirche gilt der Aschermittwoch als strenger Abstinenz- und Fasttag. An ihm sollen alle Erwachsenen auf Fleisch verzichten und nur eine sättigende Mahlzeit zu sich nehmen. Außerdem ist die Teilnahme am Gottesdienst verpflichtend.

Neben der kirchlichen Bedeutung gibt es am Aschermittwoch eine Fülle von weltlichem Brauchtum. So wird seit dem 19. Jahrhundert in manchen Gebieten das *Geldbeutelwaschen* geübt. Dabei ziehen vorwiegend Jugendliche zu einem Brunnen, um dort ihren Geldbeutel auszuwaschen und zum Trocknen auf die Leine zu hängen. Auch damit sollte ein Neuanfang symbolisiert werden. Bekannt ist auch der *politische Aschermittwoch*, der besonders in Bayern seit 1953 eine Tradition hat. Die politischen Parteien legen über das vergangene Jahr Rechenschaft ab und besinnen sich neu. Kurz nach dem Zweiten Weltkrieg regte der französische Dichter Paul Claudel einen *Aschermittwoch der Künstler* an, um damit den Künstlern die Möglichkeit zur Besinnung zu schaffen. Inzwischen wird dieser Brauch Jahr für Jahr in mehr als 100 Städten der Welt begangen. Diese Treffen sind auch häufig mit gemeinsamen Gottesdiensten verbunden.

# Passionszeit

Quelle des Wortes „Passion" ist das spätlateinische „passio", was soviel wie „Leiden", „Erdulden", „Krankheit" bedeutet. Bereits im Mittelalter wurde der Begriff Passion auf das Leiden Christi bezogen. Die Passionszeit umfaßt den Zeitraum zwischen dem Aschermittwoch und dem Karsamstag. Somit ist sie mit der vierzigtägigen Fastenzeit identisch. Liturgisch ist die Passionszeit eine Bußzeit. Zu ihr gehört daher als Kirchenfarbe Violett. Vor der Liturgiereform des Zweiten Vatikanischen Konzils (1962–1965) wurde in der römisch-katholischen Kirche lediglich die Zeit zwischen dem fünften Fastensonntag (14 Tage vor Ostern) und dem Karsamstag als Passionszeit bezeichnet. Die Namen der sechs Passions- oder Fastensonntage leiten sich von den (lateinischen) Anfängen der biblischen Lesungen ab:

- Invokavit: Er ruft mich an, Psalm 91, 15.
- Reminiszere: Gedenke, Herr, Psalm 25, 6.
- Okuli: Meine Augen, Psalm 25, 15.
- Lätare: Freuet euch, Jesaja 66, 10.
- Judika: Schaffe Recht, Herr, Psalm 43, 1.
- Palmarum: Palmsonntag, Johannesevangelium 12, 13.

In der Liturgie der Passionszeit wird besonders des Leidens und Sterbens Jesu Christi gedacht. Bereits aus dem frühen Mittelalter ist dabei die fortlaufende Verlesung der Passionsgeschichte nach den vier Evangelien bezeugt. Ursprünglich lag diese Lesung in der Hand eines einzigen Geistlichen, der die Texte mit einer gleichbleibenden Tonhöhe vortrug. Aus diesem Brauch haben sich dann später die dramatisch oder musikalisch ausgestalteten Passionsoratorien entwickelt. Die bekanntesten Beispiele dafür sind heute wohl die Vertonungen der Matthäus- und der Johannespassion von Johann Sebastian Bach. Auch eine der Wurzeln für die Passionsspiele im alpenländischen Raum (z. B. in Oberammergau) ist hier zu sehen.

Die fortlaufende Lesung der Leidensgeschichte Jesu hat sich in vielen evangelischen Gemeinden in Form der Passionsandachten erhalten. In der Passionszeit findet wöchentlich eine Andacht statt. Dazu ist die gesamte Leidensgeschichte der einzelnen Evangelien in jeweils sieben Andachten aufgeteilt. In der biblischen Reihenfolge jährlich wechselnd werden so die Passionsberichte der vier Evangelisten gelesen und überdacht.

Während der Passionszeit verdeckten seit dem frühen Mittelalter bis ins 17. Jahrhundert sogenannte Hungertücher den Hauptaltar in den Kirchen. Auf diesen bestickten oder bemalten Tüchern wurden zumeist Szenen aus der Leidensgeschichte Jesu abgebildet. Durch die Betrachtung dieser Darstellungen sollten die Gläubigen zur Buße gemahnt werden. Da viele Menschen damals nicht lesen oder schreiben konnten, erfüllten die Hungertücher auch ein wenig die Funktion einer „Armenbibel". Der Begriff „Hungertuch" hängt zum einen mit der Fastenzeit zusammen, zum anderen sollten die Gläubigen nach dem unmittelbaren Anblick des Altars „Hunger" bekommen. Seit 1976 ist der alte Brauch des Hungertuches durch die katholische Fastenaktion „Misereor" wieder neu belebt worden. Künstler und Künstlerinnen aus der sogenannten Dritten Welt gestalten jährlich jeweils ein Tuch, indem sie auf ihre Weise die Leidensgeschichte Jesu mit dem Leiden der Menschen in der Gegenwart verbinden. Diese modernen Hungertücher verhüllen nicht mehr den Altar, sondern mahnen die Menschen an den Hunger nach Gerechtigkeit in dieser Welt.

Ein besonderer Passionsbrauch erfreut sich seit einigen Jahren einer wachsenden Beliebtheit: Analog zur Weihnachtskrippe wird in manchen Kirchen die Leidensgeschichte durch Figuren dargestellt. Dabei entstehen parallel zu den Lesungen der Evangelien immer neue Figurengruppen, bis am Karfreitag eine komplette „Passionskrippe" einschließlich der Kreuzigungsszene aufgebaut ist. Vereinzelt wird sogar das Bild noch erweitert, indem am ersten Ostertag eine Darstellung der Frauen am leeren Grab dazugebaut wird. So geht die „Passionskrippe" dann in eine „Osterkrippe" über. Damit soll der Zusammenhang von Passions- und Ostergeschehen verdeutlicht werden.

# Fasten

Bei dem Wort „fasten" denken wohl viele Zeitgenossen spontan an eine Diät oder Abmagerungskur. Vielleicht fällt manchen noch der indische Politiker Mahatma Gandhi ein, der das Fasten zu einem politischen Mittel des gewaltlosen Widerstandes erhoben hat. Die wenigsten aber denken daran, daß das Fasten eigentlich ein religiöser Brauch ist. In fast allen Religionen ist diese Übung bekannt. Ursprünglich wollte man mit ihr entweder schädliche Kräfte der Nahrung bannen, oder die Götter sollten besänftigt werden. Dabei verzichteten die Gläubigen auf Nahrung, um die Gottheit nicht neidisch zu machen. Eng damit zusammen hängt wohl auch das Opfer, bei dem man den Göttern etwas abgab.

In der Bibel ist häufig vom Fasten die Rede. So wird es im Alten Testament als Ausdruck der Demütigung und der Buße gebraucht. Auch zum Zeichen der Trauer um einen Toten wurde in Israel gefastet. Im Spätjudentum zur Zeit Jesu hielten die Pharisäer zwei wöchentliche Fasttage (Montag und Donnerstag). Sie meinten, damit ein Gott wohlgefälliges Werk zu vollbringen. Gegen diese Auffassung ist Jesus an mehreren Stellen der Bibel eingetreten. Er selbst hat zwar auch das Fasten als eine geistliche Übung zur Unterstützung des Gebetes hoch geschätzt, wollte es aber nicht als ein verdienstvolles gutes Werk verstanden wissen. Davon geben verschiedene Stellen im Neuen Testament Zeugnis.

In der urchristlichen Gemeinde stand das Fasten als geistliche Übung ebenfalls hoch im Kurs. So bereiteten sich die Taufbewerber (Katechumenen) unter anderem durch Fasten und Beten auf ihre Taufe vor. Später waren es vor allem die sogenannten Wüstenväter, die das Fasten praktizierten. Diese Wüstenväter waren die Vorläufer des Mönchtums. Allmählich bildeten sich besondere Fasttage und Fastzeiten heraus. So wird seit Beginn des vierten Jahrhunderts die Passionszeit und die Zeit vor den anderen großen Kirchenfesten als Fastenzeit begangen. In den einzelnen Konfessionen sind die Fastenbräuche sehr unterschiedlich. Die Ostkirche (Orthodoxie) kennt vier große Fastenzeiten, die meist mit den kirchlichen Hauptfesten verbunden sind. Außerdem spielt das „Marienfasten" (14 Tage vor dem Fest „Mariä Himmelfahrt" am 15. August) eine bedeutende Rolle. Die Fastenzeiten werden in der Ostkirche sehr streng eingehalten.

Die römisch-katholische Kirche hat ihre Fastenpraxis gegenüber der Ostkirche etwas gemildert. Neben den Fasttagen, an denen eine einmalige Sättigung am Tage gestattet ist, gibt es noch sogenannte Abstinenztage. Hier hat der Gläubige auf Fleischspeisen zu verzichten. Die bekannteste Fastenzeit ist die Passionszeit zwischen Aschermittwoch und Ostern. In dieser Zeit werden in vielen Gemeinden sogenannte Fastenpredigten gehalten, die der Festigung des Glaubenslebens der Christen dienen sollen.

Durch die Reformation ist der Brauch des Fastens in vielen evangelischen Gemeinden zunächst verlorengegangen. Inzwischen besinnt man sich aber auch hier wieder auf diese gute Übung des Verzichtens. Dabei geht es aber nicht nur um das Essen und das Trinken. Bekannt geworden ist in der letzten Zeit die Aktion „Sieben Wochen ohne", in der vor allem junge Menschen freiwillig für eine Zeit bestimmte Gewohnheiten unterlassen. Dabei ist z. B. an das Rauchen, an den Alkohol, an das Fernsehen oder an das Autofahren gedacht.

Die große Fastenzeit des Kirchenjahres dauert 40 Tage, nämlich von Aschermittwoch bis Karsamstag. Dabei ist die Zahl 40 nicht ohne Bedeutung. In der Zahlensymbolik steht sie für die Fülle, für die Vorbereitung und für das Gericht. Auch in der Bibel taucht diese Zahl oft auf. So regnete es bei der Sintflut 40 Tage und 40 Nächte. Mose blieb 40 Tage auf dem Berg Horeb. Das Volk Israel wanderte 40 Jahre durch die Wüste, um in das Gelobte Land zu kommen. David regierte als König 40 Jahre, sein Sohn Salomo ebenfalls. 40 Tage hatte die Stadt Ninive Zeit, um Buße zu tun. Jesus fastete 40 Tage in der Wüste, bevor ihn der Teufel versuchte. Zwischen Ostern und Himmelfahrt liegen 40 Tage. Diese Liste ließe sich noch erweitern.

# Karwoche

Den Abschluß der Passionszeit bildet die Karwoche, die mit dem Palmsonntag beginnt und an deren Ende die drei Leidenstage Christi (Gründonnerstag, Karfreitag und Karsamstag) stehen. Die Vorsilbe „kar" stammt von dem althochdeutschen Wort „kara" ab, was so viel wie Sorge, Kummer, Klage oder Trauer bedeutet. Mehr als die übrige Passionszeit steht diese Woche ganz im Zeichen des Leidens und Sterbens Jesu. Das feierliche Begehen dieser sieben Tage ist bereits seit etwa 400 n. Chr. bekannt, als in Jerusalem die „große Woche" gefeiert wurde. Im Volksmund hat sich vielfach auch die Bezeichnung „heilige Woche" erhalten.

# Palmsonntag

Der Palmsonntag (Palmarum) ist der letzte Sonntag der Passionszeit. Er hat seinen Namen von den Palmenzweigen, mit denen nach Johannes 12, 13 die Menschen in Jerusalem Jesus bei seinem Einzug begrüßten. In den anderen Evangelien ist an dieser Stelle übrigens nicht ausdrücklich von Palmen die Rede. Der Palmzweig war bereits in der griechischen Mythologie ein Symbol für Sieg und Triumph, aber auch für Frieden und Leben. Dieses Symbol wurde von der frühen Christenheit übernommen und auf Jesus, den Sieger und Überwinder des Todes, hin gedeutet. Davon gibt besonders das Buch der Offenbarung des Johannes Zeugnis (Offenbarung 7, 9).

Bereits aus dem vierten Jahrhundert gibt es Zeugnisse dafür, daß der Einzug Jesu in Jerusalem von den Gläubigen „nachgespielt" wurde. Sehr bald wurde dieser Brauch auch in Europa übernommen. Besonders im Mittelalter wurde er dramatisch ausgestaltet. Noch heute beginnt am Palmsonntag in vielen römisch-katholischen Gemeinden der Gottesdienst mit einer „Palmenweihe", bei der Zweige aus Buchsbaum oder Immergrün gesegnet und von den Gottesdienstbesuchern mit nach Hause genommen werden.

# Gründonnerstag

Der Gründonnerstag ist der Gedenktag der Einsetzung des Abendmahles und der Gefangennahme Jesu. Die Silbe „Grün" stammt nicht von der Farbe, sondern von dem alten Wort „greinen" (= weinen). Offenbar hängt dieser Name mit der früheren Sitte zusammen, daß an diesem Tag die öffentlichen Sünder aus ihrer Bußzeit entlassen wurden, die man ihnen am Aschermittwoch auferlegte. Die Büßer, die „Weinenden" also, wurden wieder in die Gemeinschaft aufgenommen und konnten dann auch am Osterfest teilnehmen.

Aber auch die Farbe „Grün" spielt am Gründonnerstag eine gewisse Rolle. So hat sich in weiten Landstrichen der Brauch gehalten, am Donnerstag der Karwoche „grüne" Speisen zu sich zu nehmen (Spinat, Grünkohl usw.).

In den Gottesdiensten wird zum Gedächtnis an die letzte Mahlzeit Jesu mit seinen Jüngern das Abendmahl gefeiert („Tut dies zu meinem Gedächtnis"). In manchen Gemeinden versammeln sich die Gottesdienstbesucher im Anschluß daran zu einem gemeinsamen Essen, dem „Agapemahl" (Liebesmahl), das an die Armenspeisung der frühen Christenheit erinnern soll.

Die Evangelienlesung des Gründonnerstages ist die Geschichte von der Fußwaschung (Johannes 13, 1–15). In vielen römisch-katholischen Gottesdiensten wäscht zur Erinnerung daran der Priester einigen Gemeindegliedern symbolisch die Füße. Diese Geste, die den von Jesus gebotenen Dienst aneinander verdeutlichen soll, wird auch regelmäßig vom Papst vollzogen.

In manchen Gemeinden schweigen vom Gründonnerstag an die Glocken, um erst in der Osternacht wieder zu erklingen. Oftmals werden in römisch-katholischen Kirchen sogar die Schellen der Meßdiener durch Holzklappern ersetzt. Gelegentlich werden auch die Altarkerzen ausgelöscht und die Kreuze zugehängt. Oftmals wird sogar der Altartisch ganz abgeräumt. Das soll daran erinnern, daß Jesus nach seinem Verrat schutzlos den Menschen ausgeliefert war. So wie der Altar entblößt ist, wurde auch Jesus entblößt.

# Karfreitag

Der Karfreitag ist der Todestag Jesu. Er gilt als „stiller Feiertag", der als solcher auch durch Gesetze geschützt ist. So sind an diesem Tag öffentliche Tanz- und Zirkusveranstaltungen untersagt. Spielhallen dürfen nicht öffnen, die gewerbliche Annahme von Wetten ist am Karfreitag nicht gestattet. Während der Hauptzeit der Gottesdienste dürfen keine Theater- oder Filmvorführungen stattfinden.

Auch liturgisch gesehen ist der Karfreitag ein stiller Feiertag. In vielen Gemeinden schweigen die Glocken und die Orgel. Im Gottesdienst wird die Leidensgeschichte verlesen. In evangelischen Kirchen versammeln sich die Gläubigen zur Feier des Abendmahles. Im Bewußtsein vieler evangelischer Christen gilt der Karfreitag als höchster Feiertag.

Nach dem Bericht der Evangelien starb Jesus „um die neunte Stunde". Da die Juden ihre Stundenzählung um sechs Uhr begannen, wäre Jesu Todesstunde nach unserer Zählung um 15 Uhr. Zahlreiche Gemeinden feiern daher zu dieser Zeit einen besonderen Gottesdienst.

In römisch-katholischen Pfarreien werden am Karfreitag in der Regel vormittags keine Gottesdienste gehalten. Nachmittags findet die Karfreitagsliturgie mit einem Wortgottesdienst, gelegentlich auch mit einer Eucharistiefeier statt.

Erste Spuren des Gedenkens des Todestages Jesu finden sich in der Mitte des zweiten Jahrhunderts. Dieses Gedenken war aber schon früh mit dem Feiern der Auferstehung verbunden.

Der Karfreitag gilt als ein Tag des Fastens und der Besinnung. In vielen Familien wird an diesem Tag kein Fleisch verzehrt. In der römisch-katholischen Kirche ist es ein gebotener Fasttag. Eine Hauptmahlzeit sowie eine kleine Stärkung morgens und abends sind erlaubt.

Eigentlich erinnert jeder Freitag an den Todestag Jesu, so wie jeder Sonntag an seine Auferstehung erinnert. Darin liegt auch begründet, daß der Freitag vielfach als Abstinenztag gilt. Auch das Verzehren von Fisch am Freitag kann auf Jesus hin gedeutet werden. Der Fisch gilt als altes Symbol für Christus. Das griechische ICHTHYS (= Fisch) wurde von seinen Buchstaben her bereits im zweiten Jahrhundert auf Christus hin gedeutet (Jesus-Christus-Gott-Sohn-Retter).

# Karsamstag

Der Karsamstag gilt als Tag der Grabesruhe Jesu. In evangelischen Gemeinden finden vereinzelt Gottesdienste oder Andachten statt, in denen als Evangelium der Matthäus-Bericht von der Grablegung und der Bewachung des Grabes gelesen wird. In der römisch-katholischen Kirche gilt der Karsamstag weitgehend als liturgieloser Tag. Lediglich Beichten und Bußandachten finden statt. Diese „innere Reinigung" durch Beichte und Buße hat im Volksbrauch ihren Niederschlag gefunden in einer „äußeren Reinigung" durch den österlichen Hausputz.

Am Abend des Karsamstages wird die Feier der Osternacht begangen. Auch evangelische Gemeinden besinnen sich zunehmend auf diesen alten liturgischen Brauch, bei dem der Auferstandene als das Licht in der Dunkelheit des Todes gepriesen wird. Die Osternachtfeiern beginnen meist vor der Kirche beim Osterfeuer. An ihm wird die Osterkerze entzündet und in das dunkle Gotteshaus getragen. Am Licht der Osterkerze entzünden alle Gottesdienstbesucher nun ihre eigenen Kerzen. So wird es in der Kirche immer heller. Die Osterkerze bleibt bis zum Himmelfahrtstag am Altar stehen und bekommt dann ihren Platz am Taufbekken. Dort brennt sie dann das Jahr über nur bei Taufen. Tauffeiern standen schon in der Alten Kirche im Mittelpunkt der Osternacht. Wie Christus auferstanden ist, sollen auch die Getauften auferstehen. In der Taufe sollen das Sterben und Auferstehen der Christen zeichenhaft verdeutlicht werden.

Den Abschluß des Gottesdienstes bildet die Feier des Abendmahles, in der der Auferstandene seine Gemeinde an seinen Tisch ruft. Liturgisch besonders reichhaltig sind die Osternachtfeiern in den orthodoxen Kirchen. „Christus ist auferstanden!" ruft der Priester den Gottesdienstbesuchern zu. „Er ist wahrhaftig auferstanden!" schallt es zurück. Diese Botschaft wird dann nach dem Gottesdienst zum Ostergruß auf den Straßen.

Vornehmlich in evangelischen Gemeinden hat sich der Brauch einer Auferstehungsfeier auf dem Friedhof erhalten. Dabei versammeln sich die Gläubigen in der Frühe des Ostermorgens zu einer Andacht an den Gräbern, um dort die Botschaft von der Auferstehung auszurufen.

# Bräuche zur Passion

Von den Pilgern, die in Jerusalem die Stätten der Passion Jesu besuchten, stammt die Tradition des *Kreuzweges*. Dabei gedenken die Gläubigen des Leidensweges Jesu, den er auf dem Weg von der Verurteilung im Palast des Pilatus bis zur Grablegung gegangen ist. Bereits im Mittelalter wurden meist in der Nähe der Kirchen die einzelnen Kreuzwegstationen errichtet. Heute sind sie vielfach innerhalb der Kirchen zu finden. In 14 einzelnen Stationen wird das Leiden Jesu dargestellt:

1. Jesus wird zum Tode verurteilt.
2. Jesus nimmt das Kreuz auf seine Schultern.
3. Jesus fällt zum ersten Mal unter dem Kreuz.
4. Jesus begegnet seiner Mutter.
5. Simon von Cyrene hilft Jesus das Kreuz tragen.
6. Veronika reicht Jesus das Schweißtuch.
7. Jesus fällt zum zweiten Mal unter dem Kreuz.
8. Jesus begegnet den weinenden Frauen.
9. Jesus fällt zum dritten Mal unter dem Kreuz.
10. Jesus wird seiner Kleider beraubt.
11. Jesus wird an das Kreuz genagelt.
12. Jesus stirbt am Kreuz.
13. Jesus wird vom Kreuz abgenommen und in den Schoß seiner Mutter gelegt.
14. Der heilige Leichnam Jesu wird in das Grab gelegt. Manchmal kommt als 15. Station noch die Auferstehung Jesu dazu.

In jüngster Zeit hat Papst Johannes Paul II. den Kreuzweg reformieren wollen. So sollen die (nicht in der Bibel erwähnten) Stationen 3, 6, 7 und 9 ersetzt werden durch Jesu Gebet in Gethsemane, die Verurteilung durch Pilatus, das Versprechen an den Schächer am Kreuz sowie die Anwesenheit Marias und des Lieblingsjüngers unter dem Kreuz. Gegen diese Reform macht sich innerhalb der römisch-katholischen Kirche aber Widerstand breit.

*Kreuzwegandachten* sind bei uns seit dem Mittelalter bekannt. Heute gibt es in der Passionszeit vielfach sogenannte Jugendkreuzwege. Dabei wird von den jungen Leuten das Leid in dieser Welt mit dem Leiden Jesu verbunden und vor Gott gebracht. In zahlreichen Gemeinden haben sich auch schon ökumenische Kreuzwegandachten eingebürgert.

Zu den traditionsreichen Passionsbräuchen zählen auch die sogenannten *Kreuztrachten* (tracht = tragen), die unter anderem auch in zahlreichen westfälischen Gemeinden begangen werden. Dabei trägt in einer Prozession ein – oft anonymer – Kreuzträger ein Holzkreuz. Er wird von einem Helfer begleitet, der Simon von Cyrene darstellen soll. Die Prozession schreitet vielfach die Stationen des Kreuzweges ab, oftmals mit den Kreuzwegandachten verbunden.

Auf eine lange Tradition blicken auch die *Passionsspiele* zurück, die sich aus den ursprünglich lateinisch gesungenen und gesprochenen mittelalterlichen Osterliturgien entwickelt haben. Ein Zentrum dieses Brauchtums liegt im deutschsprachigen alpenländischen Raum (Süddeutschland, Österreich, Schweiz und Oberitalien). Bereits im 14. Jahrhundert waren Passionsspiele im schweizerischen St. Gallen bekannt. Im 15. und 16. Jahrhundert fanden mehrtägige Spiele in verschiedenen Orten Tirols statt (z. B. in Hall, Erl, Sterzing, Brixen und Bozen). Aus Luzern in der Schweiz liegen detaillierte Angaben über die Aufführung und das Bühnenbild eines Osterspiels aus dem Jahre 1583 vor. An diesen Aufführungen, die überwiegend im Freien stattfanden, beteiligten sich Hunderte von Mitwirkenden. Im späten 18. Jahrhundert verschwand oftmals in vielen Städten und Landgemeinden dieser Brauch aufgrund staatlicher oder kirchlicher Verbote. So finden Passionsspiele heute nur noch an wenigen Orten statt. Am bekanntesten sind wohl die Spiele in Oberammergau, die auf ein Gelübde vom 27. Oktober 1633 zurückgehen. Damals suchte eine verheerende Pestepidemie den Ort heim. Die Bewohner versprachen, alle zehn Jahre „das fromme Spiel vom Leiden und Sterben Christi aufzuführen, so Gott ein Erbarmen habe und ihr Dorf von der unheimlichen Seuche befreien würde". Bereits ein Jahr später lösten rund 80 Mitspieler das Gelübde erstmalig ein. Seither fanden in Oberammergau 39 Spielperioden statt. Die letzte Passion des Jahres 1990 erlebten rund eine halbe Million Zuschauer aus allen Teilen der Welt.

Auch im norddeutschen Bereich (z. B. Hamburg und Hildesheim) wurden in früheren Zeiten Passionsspiele aufgeführt. Diese Traditionen sind aber inzwischen längst erloschen. Seit 1950 finden in der sauerländischen Gemeinde Hallenberg alle zehn Jahre Passionsspiele statt. Damit ist der Ort am Rothaargebirge der nördlichste Passionsspielort Mitteleuropas. 1990 wirkten bei den 40 Aufführungen mehr als 130 Darsteller mit. Rund 40.000 Zuschauer kamen zu diesem Ereignis.

# Ostern

„Wenn Mönche und Nonnen schmachten in den Klöstern, dann wird es Ostern", so haben wir als Kinder immer gereimt.

Wann aber ist eigentlich Ostern? Diese Frage können längst nicht alle Zeitgenossen auf Anhieb beantworten. Ostern ist ja – im Gegensatz zu Weihnachten – ein sogenanntes „bewegliches Fest". Einer von den Feiertagen also, die auf dem Kalender kein festes Datum haben.

Die Wurzel des Osterfestes liegt beim Passafest der Juden, das zur Erinnerung an den Auszug des Volkes Israel aus Ägypten gefeiert wurde. Nach dem jüdischen Kalender begann ein Monat stets mit dem Tag des Neumondes. So war der 14. Tag eines jeden Monats Vollmond. Der erste Frühlingsmonat trug den Namen „Nisan". Am 14. Nisan, am ersten Vollmond im Frühling also, wurde bei den Juden das Passafest gefeiert. Da nach dem Zeugnis der Evangelien Jesus am Passafest gekreuzigt wurde, feierten die Christen zur Erinnerung daran ein christliches Passa zeitgleich mit dem Passa der Juden. Die ältesten Zeugnisse darüber gehen auf Polykarp von Smyrna zurück, der zwischen 70 und 165 nach Christus lebte. Er berichtet davon, daß er mit Johannes und anderen Aposteln des Todes Jesu in einer Feier gedacht hat. Das Gedächtnis der Auferstehung Jesu wurde zwar unmittelbar daran anschließend begangen, blieb aber zunächst selbständig neben dem christlichen Passa bestehen. Über das Nebeneinander von Passa- und Auferstehungsfeier entwickelte sich gegen Ende des zweiten Jahrhunderts ein heftiger Streit in der christlichen Kirche. Dabei ging es unter anderem auch um den Wochentag des Festes. Erst auf dem ökumenischen Konzil von Nicäa (325 n. Chr.) wurde der erste Sonntag nach dem ersten Frühlingsvollmond zum Ostertag. Damit hat dieses Fest auf unserem Kalender eine Schwankungsmöglichkeit von fünf Wochen. Der früheste Termin ist der 22. März, der späteste wäre am 25. April.

Für die Christenheit zählte die Auferstehung Jesu bereits in frühester Zeit zu den hohen Festtagen. Jeder Sonntag, der erste Tag der Woche, erinnert als „Herrentag" daran. Schon gegen Ende des zweiten Jahrhunderts war ein jährliches Auferstehungsfest in der Christenheit in Übung. Damit ist Ostern bedeutend älter als Weihnachten, das erstmalig im Jahre 336 nachweisbar ist.

Bis ins Mittelalter hinein wurde Ostern sieben Tage lang gefeiert. Man machte sich Geschenke, begnadigte Verurteilte, bewirtete die Armen. Alle Schauspiele waren untersagt. Um 1094 beschränkte man sich auf die drei ersten Tage der Woche als Ostertage. In der Bundesrepublik sind der Ostersonntag und der Ostermontag gesetzliche Feiertage.

Über die Herkunft des deutschen Wortes „Ostern" gibt es unterschiedliche Auffassungen. Am gebräuchlichsten ist die Deutung, die auf den heiligen Beda zurückgeht. Dieser englische Benediktinermönch (gestorben 735 n. Chr.) hat durch seine Geschichtsforschungen maßgeblichen Einfluß auf die Datierung christlicher Feste gewonnen. Beda leitete den Namen des christlichen Auferstehungsfestes von der angelsächsischen Frühlingsgöttin „Eostrae" (germanisch: Ostera, lateinisch: Aurora) ab. Andere Forscher sehen die Wurzel des Begriffs „Ostern" im althochdeutschen „Ostrâ". Dieses Wort ist die Bezeichnung für die Jahreszeit, in der die Sonne nach den Winternächten wieder genau im Osten erscheint.

Unsere niederländischen Nachbarn nennen das christliche Auferstehungsfest übrigens „Pasen", im Französischen heißt es „Pâque". Dabei ist die Herkunft von „Passa" noch deutlich zu erkennen. Im Kalender der Kirche dauert die Osterzeit genau sieben Wochen. Damit ist sie die längste Festzeit des Kirchenjahres.

# Osterbräuche

Ostern stellt nicht nur eines der ältesten Feste der Christenheit dar, sondern seine Botschaft führt auch ins Zentrum des Glaubens der Kirche. Von daher kommt dem vielfältigen Brauchtum, das sich um das Osterfest rankt, eine besondere Bedeutung zu. Dabei spielen allerdings auch solche Bräuche eine Rolle, die ihren Ursprung in (heidnischen) Frühlingsfesten haben und erst später auf die christliche Osterfeier umgedeutet wurden.

Zu dem eigentlichen Brauchtum gesellt sich eine Fülle von Symbolen, die die Botschaft vom Sieg des Lebens über den Tod vergegenwärtigen wollen. Eines der wichtigsten und bekanntesten Symbole ist die *Osterkerze*. Ihre Spuren reichen bis ins vierte Jahrhundert zurück. Zu Beginn des Osternachtgottesdienstes wird die Kerze draußen am Osterfeuer angezündet und dann in die dunkle Kirche getragen. Ihr Licht wird an alle Gottesdienstbesucher weitergegeben, und bald erstrahlt der ehemals dunkle Raum in hellem Kerzenschein. „Christus ist das Licht", so erklingt dreimal der Ruf. Christus selbst hat das Dunkel des Todes durch die Auferstehung in das Licht des Lebens verwandelt. Davon soll die Osterkerze künden und durch ihr Licht die Herzen der Menschen hell machen. Oftmals wird die Osterkerze geschmückt. Dabei verdeutlichen das Kreuz mit dem Alpha und dem Omega (erster und letzter Buchstabe des griechischen Alphabets), daß Christus der Anfang und das Ende ist (Offenbarung 1, 8). Aber auch andere Christussymbole wie der Fisch, das Lamm, der Weinstock, die Weizenähre oder die Sonne werden verwandt. In der Regel kommt die jeweilige Jahreszahl hinzu. Während der österlichen Freudenzeit hat die Osterkerze ihren Platz am Altar, in der nachösterlichen Zeit dient sie als Taufkerze. Dabei soll sie verdeutlichen, daß dem Täufling das durch Christus errungene Leben zuteil wird.

Das zweite Symbol für österliche Verwandlung ist das *Osterfeuer*. Feuer zählte bereits in der Antike zu den vier Weltelementen (neben Wasser, Erde und Luft). Ihm wurde stets eine Verbindung zum Göttlichen nachgesagt. So wurde in der griechischen Mythologie Prometheus bestraft, weil er den Göttern das Feuer raubte. Aber auch in der Welt der Bibel spielt das Feuer eine bedeutende Rolle. So war es im Alten Testament vielfach ein Symbol für die Gegenwart Gottes. Bekannt sind hier unter anderem der „brennende Dornbusch" (2. Mose 3, 2) oder die „Feuersäule" beim Auszug aus Ägypten (2. Mose 13, 21). Auch im Neuen Testament ist dieses Motiv zu finden, so zum Beispiel in der Pfingstgeschichte, wo „Feuerzungen" die Gegenwart des Heiligen Geistes darstellen (Apostelgeschichte 2, 3).

Das Symbol Feuer hat natürlich auch in der germanischen Mythologie seinen Platz. So wurden zur Zeit der Sonnenwende Feuer entzündet, um die Götter zu ehren. Auch die Frühlingsfeuer hatten bei den Germanen eine Tradition. Sicher ist hier eine der Wurzeln für das christliche Osterfeuer zu sehen. Dafür spricht eine Bemerkung in einem Brief, den Papst Zacharias im Jahre 751 an Bonifatius, den Missionar der Germanen, geschrieben hat. In diesem Brief werden Frühlingsfeuer erwähnt, die auch bei den christlichen Gemeinden Germaniens brannten. Eine feste Tradition, die Osterfeuer in der Nacht von Karsamstag auf Ostersonntag brennen zu lassen, findet sich erst ab dem 15. Jahrhundert. Eine besondere Form der Osterfeuer sind die Osterräder. Dabei werden mit Stroh umwickelte Räder in Brand gesetzt und den Berg hinabgerollt. Dieser Brauch wird noch heute unter anderem im westfälischen Lügde gepflegt.

Zum Osterfest gehören besondere *Osterspeisen*. Nach dem Kirchgang am Ostermorgen versammeln sich die Familien zu einem fröhlichen Schmausen. Vorbei sind die Entbehrungen der Fastenzeit und der Karwoche. Mit Schinken, Eiern und süßem Brot wird ein Festmahl gehalten. Vielfach werden dazu Gäste eingeladen. Die Tradition des Osterfrühstücks lebt zur Zeit in zahlreichen Gemeinden wieder auf. Nach dem Gottesdienst am Ostermorgen bleiben die Gottesdienstbesucher beisammen, um miteinander zu frühstücken. In römisch-katholischen Gegenden bringt man gelegentlich ein besonderes Fladenbrot mit zur Kirche, um es dort segnen zu lassen. Dieses Osterbrot wird dann anschließend zu Hause verzehrt.

In vielen Familien ist es üblich, zu Ostern ein aus Kuchenteig gebakkenes *Osterlamm* zu verzehren. Vielfach ist es mit einer Fahne geschmückt. Das Lamm zählt in der christlichen Ikonografie zu den ältesten Symbolen. Bereits aus dem vierten Jahrhundert gibt es Darstellungen, die den auferstandenen Christus als Lamm abbilden. Dies geht auf die Aussage des Apostels Paulus aus dem ersten Korintherbrief zurück (1. Kor 5, 7): „Unser Passalamm ist schon geopfert, das ist Christus." Ebenfalls ist das Zeugnis Johannes des Täufers über Jesus ein Grund für diese Form der Darstellung: „Siehe, das ist Gottes Lamm, das die Sünde der Welt trägt" (Joh 1, 29). Zunächst wird dadurch an den israelitischen Tempelkult erinnert, bei dem täglich ein Lamm zur Reinigung von den Sünden geopfert wurde. Zugleich erinnert es aber auch an das Passalamm, das die Israeliten vor dem Auszug aus Ägypten schlachteten und aßen. Das Blut dieses Tieres wurde an die Türpfosten gestrichen, damit der Würgeengel an ihren Häusern vorüberginge (2. Mose 12). Auch das Prophetenwort aus Jesaja 53, 7 („Er tat seinen Mund nicht auf wie ein Lamm, das zur Schlachtbank geführt wird") wurde schon in der frühesten Kirche auf Christus gedeutet.

Besonders für die Kinder ist Ostern nicht vorstellbar ohne das *Osterei*. Schon immer galt das Ei als ein Zeichen für das Leben. Bereits in uralten Mythen Indiens, Persiens und Ägyptens ist von dem „Welten-Ei" die Rede, aus dem alles Leben entstanden sein soll. In unserer Kultur wurde es zu einem Symbol für den Tod und die Auferstehung Christi. So wie das Ei zerbricht, wenn aus ihm neues Leben entsteht, wird auch der Mensch zum neuen Leben verwandelt. Erst muß er sterben, damit ihm in der Auferstehung neues Leben geschenkt werden kann.

Eier als besondere Osterspeise werden im zwölften Jahrhundert erstmals erwähnt. Vielfach wurden diese Ostereier beschriftet. Unter anderem sind folgende Sprüche überliefert:

„Wie der Vogel aus dem Ei gekrochen,
also hat Christus das Grab zerbrochen."

„Mahnen will das Osterei,
daß Jesus Christus Sieger sei
und alle Todesmacht vorbei."

Bereits im Mittelalter waren auch bemalte Eier bekannt, zum Teil wurden sie als Grabbeigaben benutzt. In unseren Breiten war Rot die bevorzugte Farbe als Symbol für das Blut Christi, aber auch für die Freude und das Leben. Aus Osteuropa ist vor allem Gold als Ostereierfarbe bekannt.

Seit der Barockzeit werden Ostereier auch kunstvoll verziert oder mit richtigen Gemälden versehen. In Rußland wurden sogar Ikonen auf Ostereier gemalt.

In der Welt der Kinder spielt der *Osterhase* eine große Rolle. Ihm wird nachgesagt, daß er die Ostereier legt. Die ältesten Belege für diesen Aberglauben stammen aus dem 17. Jahrhundert. In der christlichen Symbolik begegnet uns der Hase als Sinnbild der Vergänglichkeit. Das hängt wohl mit der ständigen Fluchtbereitschaft der Tiere zusammen. So diente in der Kunst der Hase schon früh als Verzierung für Grabsteine. Aber auch Pfeiler in Kirchen und Klöstern wurden mit ihm geschmückt. Bekannt ist auch das „Hasenfenster" im Paderborner Dom.

Eine weitere Deutung für den „Osterhasen" liegt in der sprichwörtlichen Fruchtbarkeit der Hasen begründet. Eine Häsin kann viermal im Jahr Junge zur Welt bringen. Es ist also ein Tier, das Leben schafft. Ostern aber ist das Fest des Lebens.

Ein für uns etwas fremder Brauch ist das *Osterlachen*, wie es heute vor allem noch in den Ostkirchen gepflegt wird. Nach dem Gottesdienst in der Osternacht trifft sich die Gemeinde zu einem fröhlichen Schmaus, bei dem viel gelacht wird. Dieses Lachen macht deutlich, daß für die Menschen kein Grund mehr zur Traurigkeit besteht. Christus ist auferstanden und hat den Tod besiegt. Wie sehr das Lachen uns befreien und verwandeln kann, ist sicher nachzuvollziehen. Aber auch in unseren Breiten spielte bis ins hohe Mittelalter und später in der Barockzeit das Osterlachen eine Rolle. Dabei wurden – durchaus in der Predigt – Geschichten erzählt, die die Gemeinde zum Lachen brachten. Es gab sogar Sammlungen solcher Geschichten für nicht so talentierte Prediger. Spuren des Osterlachens finden wir auch noch in einigen Kirchenliedern, so zum Beispiel in dem Choral „Auf, auf, mein Herz mit Freuden" von Paul Gerhardt (Evangelisches Kirchengesangbuch, Nr. 86).

Mit hinein gehört in diesen Zusammenhang auch der *Ostertanz*, der ebenfalls in der Barockzeit einen Teil der Osterliturgie ausmachte. Dabei vollführten die Priester und Ministranten im Altarraum Tanzschritte. Vielen von uns kommt das heute eigenartig vor, aber der Tanz zählt zu den ganz alten kultischen Elementen. Bereits König David tanzte vor der Bundeslade her, als diese nach Jerusalem gebracht wurde (2. Samuel 6, 14). In den Kirchen Afrikas spielt auch heute noch der Tanz eine Rolle in der Liturgie.

Seit dem zehnten Jahrhundert gibt es besondere *Osterspiele*, dramatische Darstellungen des Geschehens am Ostermorgen, als die Frauen zum leeren Grab kommen. Diese Spiele haben ihre Wurzeln in der Liturgie der Ostergottesdienste. In manchen Kirchen Süddeutschlands und Südeuropas wird dieser Brauch noch heute gepflegt. Kulturgeschichtlich bedeutsamer sind aber die Passionsspiele, die die Leidensgeschichte darstellen.

In manchen Gegenden hat das *Osterwasser*, mit dem man sich am Ostermorgen bespritzt, eine alte Tradition. Es soll daran erinnern, daß Ostern früher ein beliebter Tauftag war. Der Volksmund hat dem Oster-wasser vielfach auch eine besondere Heilkraft nachgesagt.

Auch der *Osterspaziergang* soll nicht unerwähnt bleiben. Eine Wurzel dafür ist wohl in dem Gang der Frauen zum Grab zu suchen, von dem uns die Evangelien berichten. Vielleicht diente auch die Geschichte von den Emmausjüngern (Lukas 24, 13–35) als ein mögliches Motiv für diesen Brauch.

# Österliche Freudenzeit

Den breitesten Raum im Festtagskalender der Kirche nimmt die österli-che Freudenzeit ein. Sie umfaßt genau sieben Wochen, die Zeit zwi-schen Ostern und Pfingsten. Jeder Tag dieser Zeit erinnert gleichsam an das Ostergeschehen. Die Liturgie in den Gottesdiensten der Freudenzeit wird von Ostern bestimmt (Osterlieder, Oster-Halleluja, Weiß als litur-gische Farbe, eventuell Platz der Osterkerze am Altar).

Neben diesen verbindenden Elementen hat aber jeder der sechs Sonn-tage der österlichen Freudenzeit seine eigene Geschichte und Prägung. Die Namen dieser Sonntage leiten sich von der Antiphon (dem Wech-selgesang) zum Eingangspsalm ab:

- Quasimodogeniti: Wie die neugeborenen Kinder, 1. Petrus 2, 2
- Misericordias Domini: Die Barmherzigkeit des Herrn, Psalm 33,5
- Jubilate: Jauchzet! Psalm 66, 1
- Kantate: Singet! Psalm 98, 1
- Rogate: Bittet! Johannesevangelium 16, 24
- Exaudi: Höre! Psalm 27, 7

Der Sonntag Quasimodogeniti trägt traditionell auch den Namen *Weißer Sonntag*. Der „dominica in albis" (lateinisch: Sonntag in weißen Ge-wändern) war der letzte Tag, an dem die in der Osternacht Neugetauften ihr weißes Taufkleid trugen. Dieses Kleid galt als sichtbares Zeichen für die empfangene Taufe und sollte die Reinigung des Menschen durch das Taufwasser versinnbildlichen. Gelegentlich wird die Woche nach dem Osterfest wegen dieses Brauches auch „Weiße Woche" genannt.

Heute ist der „weiße Sonntag" ein bevorzugter Tag für die Erstkommunion. Die ersten Belege für diese Nutzung des Tages finden sich 1673 im schweizerischen Luzern. Aus der Mitte des 19. Jahrhunderts stammen bereits bischöfliche Anweisungen für die Feier der Erstkommunion am Weißen Sonntag. Sie empfahlen deshalb diesen Tag, weil die christliche Gemeinde in der ersten heiligen Kommunion eine bewußte Eingliederung des Menschen in die Gemeinschaft der Getauften sah.

Im Volksmund hat der Sonntag Misericordias Domini auch den Namen *Sonntag vom guten Hirten*. Diese Bezeichnung leitet sich von der Evangelienlesung aus Johannes 10, 11–16 ab, in der sich Jesus selbst als der gute Hirte bezeichnet.

Der Sonntag Kantate wird in der evangelischen Kirche traditionell als der *Sonntag der Kirchenmusik* gefeiert. Dieser Brauch wird abgeleitet vom Introitus (Eingangspsalm) des Sonntags, der mit den Worten beginnt: „Singet dem Herrn ein neues Lied, denn er tut Wunder" (Psalm 98, 1).

Mit dem Sonntag Rogate begann in der römisch-katholischen Kirche früher die Bittwoche mit ihren Bittprozessionen. Dabei spielten sogenannte Flurumgänge über die Felder eine große Rolle, bei denen um eine gute Ernte gebetet wurde. Auch ganze Erntebittgottesdienste wurden an diesem Tag gefeiert. Seit der Liturgiereform des Zweiten Vatikanischen Konzils ist die Bittwoche nach dem Sonntag Rogate abgeschafft.

Mit der Sitte der Erntebittprozessionen hängt in der evangelischen Kirche der Brauch zusammen, „Rogate" als den *Sonntag der Weltmission* zu begehen. Man erinnerte sich dabei an das Jesuswort „Bittet den Herrn der Ernte, daß er Arbeiter in seine Ernte sendet" (Matthäus 9, 38).

Am 40. Tag der österlichen Freudenzeit wird der Tag der *Himmelfahrt Christi* begangen. Die Datierung leitet sich von der Angabe in der Apostelgeschichte 1, 3 her, nach der sich Jesus nach seiner Auferstehung vierzig Tage lang von seinen Jüngern sehen ließ.

# Tag der Erde

„Macht euch die Erde untertan", so lautet der Auftrag, den Gott bei der Schöpfung den Menschen gegeben hat (1. Mose 1, 28). Kaum eine Weisung Gottes ist so gründlich mißverstanden worden wie diese. Was als Aufforderung zu Frieden, Gerechtigkeit und Bewahrung der Schöpfung gedacht war, wird vielfach als Aufforderung zur Ausplünderung und

Zerstörung unseres Planeten gedeutet. Wir sind heute in der Lage, die Erde derartig zu ruinieren, daß sie auf längere Sicht unbewohnbar sein wird. Jeden Tag verschwinden unwiederbringlich eine Reihe von Pflanzen- und Tierarten. Wozu die Schöpfung Millionen von Jahren gebraucht hat, wird von uns in kürzester Zeit ausgerottet. Es ist buchstäblich fünf vor zwölf, wenn der drohende Zusammenbruch noch aufgehalten werden soll. Umweltbewegungen, Organisationen, Politiker, Kirchen und Erziehungseinrichtungen versuchen zwar, auf die Gefahren einer globalen Katastrophe hinzuweisen. Aber alle Bemühungen bleiben vergeblich, wenn nicht der einzelne Mensch begreift, daß er sich seiner eigenen Lebensgrundlage beraubt, wenn die Zerstörung der Welt so weiter fortschreitet.

Eine dieser Einzelpersonen ist der ehemalige amerikanische Senator Gaylord Nelson, der im Jahre 1970 durch sein Land zog, um auf die Gleichgültigkeit der Menschen hinzuweisen. Er lud jeden ein, in dem auch nur ein Funken Interesse vorhanden war, die hemmungslose Ausbeutung und Zerstörung der Erde nicht tatenlos hinzunehmen. Nelson erklärte den 22. April kurzerhand zum „Earth-Day" und rief zu landesweiten Demonstrationen auf. Mehr als 20 Millionen Menschen folgten seinem Aufruf und gingen auf die Straße. Allein in der Bundeshauptstadt Washington waren es mehr als 500.000 Menschen. Diese einmalige Aktion blieb nicht ohne Folgen. Die amerikanische Regierung gründete schon bald eine Umweltbehörde und verabschiedete Gesetze zur Reinhaltung von Wasser und Luft. Seit dieser Zeit fand der „Tag der Erde" einen festen Platz im Kalender der USA. Schnell griff diese Bewegung auch auf andere Länder über, und bereits 1990 wurde der Tag der Erde weltweit in 139 Staaten begangen.

In der Bundesrepublik besteht seit einigen Jahren eine „Aktionsgemeinschaft Tag der Erde", die von Umweltorganisationen und verschiedenen Initiativen getragen wird. Unter dem Motto „Feiern, nachdenken, mitmachen" wollen die Verantwortlichen Jahr für Jahr dazu aufrufen, sich für die Bewahrung des Lebensraumes Erde einzusetzen, damit dieser Planet noch eine Zukunft hat.

# Walpurgisnacht

Wer dächte nicht bei der Walpurgisnacht gleich an Hexen, Teufel und Gespenster? Dabei ist die heilige Walburga, nach der diese Nacht ihren Namen hat, in keiner Weise furchterregend gewesen. Im Gegenteil, sie war eine fromme Frau, die zusammen mit ihren Brüdern Willibald und Wunibald im achten Jahrhundert aus England nach Deutschland kam und in Heidenheim (Mittelfranken) ein Benediktinerkloster gründete. Dort wirkte sie bis zu ihrem Tode als Äbtissin. Ihre Gebeine wurden später in die Bischofsstadt Eichstädt überführt und werden der Überlieferung nach noch heute als wundertätig verehrt.

Das gespenstische Treiben der Walpurgisnacht hat dann auch nur mehr zufällig mit der Heiligen zu tun. Einer ihrer Gedenktage ist nämlich der 1. Mai. Und dieser Tag war aus heidnischer Zeit mit viel Aberglauben und etlichen Volksbräuchen verbunden. Die dunklen Winternächte waren vorüber, der Sommer stand ins Haus. Ein Wechsel der Jahreszeiten galt schon immer als etwas Besonderes. Bereits in der keltischen Religion fanden zu diesem Zeitpunkt Druidenfeste statt, bei denen die Priester ihre geheimen Rituale feierten.

Von diesen heidnischen Ansichten beeinflußt waren dann auch die Vorstellungen, die sich die Menschen von der Nacht vor dem Fest der heiligen Walburga machten. So sollten in der Nacht vor dem 1. Mai die Teufel, Hexen und bösen Geister ihr Unwesen treiben. Ihnen ging es vor allem darum, Unheil über die Menschen zu bringen. Dagegen „halfen" dann die verschiedensten Rituale und Beschwörungen. So malten Bauern früher drei Kreuze an ihre Stalltüren, um die bösen Mächte vom Vieh fernzuhalten. Auch geweihte Zweige wurden an den Türen und in den Häusern aufgehängt, um die Geister zu bannen. Gelegentlich wurden sogar die Kirchenglocken geläutet, damit das Böse in dieser Nacht vertrieben wird. Sammelpunkt aller finsteren Mächte war in dieser Nacht der Blocksberg, den der Volksglaube mit dem 1142 m hohen Brocken im Harz gleichsetzte. Dort versammelten sich alle Hexen, um mit dem Teufel einen „Hexensabbat" zu feiern. Über das Ritual dieses Festes gibt es verschiedene Ansichten. Sehr bekannt ist die Vorstellung, daß die Hexen, auf einem Besen reitend, auf den Blocksberg gelangen. Auch Goethe hat im „Faust" diese Überlieferungen aufgenommen und läßt eine Szene seiner Tragödie in der Walpurgisnacht auf dem Blocksberg im Harz spielen.

Seit der Brocken durch die Öffnung der Grenzen für die Menschen wieder erreichbar ist, finden auf den überlieferten Hexentanzplätzen des Berges in der Walpurgisnacht folkloristische Veranstaltungen statt, zu denen jährlich zahlreiche Besucher kommen. Der Aberglaube an die Macht der Hexen und Dämonen hat sich in unseren Breiten sehr lange gehalten. Unzählige Menschen, Männer und Frauen, sind über Jahrhunderte hinweg diesem Wahn zum Opfer gefallen und grausam verfolgt worden. Grundlage dafür war der im Jahre 1487 erschienene „Hexenhammer". Mit diesem Buch der Dominikanermönche Heinrich Institorius und Jacobus Sprenger wurde der Hexenwahn systematisiert. In ihm wurden angebliche Merkmale beschrieben sowie Foltermethoden und Strafen festgelegt.

Wenn auch heute keine Hexen mehr verbrannt werden, gibt es aber immer noch die Ansicht, daß Menschen mit den bösen Mächten in Verbindung stehen und Unheil über andere bringen können.

Im Zuge des „New Age", in dem man sich auf alte Kulte und Kulturen zurückbesann, entstand auch so etwas wie eine neue Hexenbewegung. Bekannt sind hier besonders die Anhängerinnen des Wiccakultes. Hier wird die Natur als heilig angesehen und wie eine Göttin verehrt. Dabei werden zum Teil uralte keltische Riten verwandt. Übrigens gibt es auch männliche Anhänger des Wiccakultes.

Daß natürlich auch eine Geschäftemacherei mit den neuen Hexenkulten getrieben wird, zeigt die Tatsache, daß es schätzungsweise 10.000 „Hexen" in Deutschland gibt, die ihre Dienste gewerbsmäßig ausüben. In ihrem „Angebot" gibt es Liebeszauber, Zusammenführungen, Trennungen und sogar Todesrituale, bei denen angeblich gegen Entgelt ein Opfer zu Tode gehext wird. Zum Teil werden für diese Praktiken fünfstellige Summen verlangt.

# Maifeiertag

Im „Wonnemonat" Mai werden bekanntlich die meisten Ehen geschlossen. Ob die jungen Paare wissen, daß diese schöne Bezeichnung für den fünften Monat des Jahres eigentlich gar nichts mit der „Wonne" im Sinne von „Freude" zu tun hat? Ursprünglich galt nämlich der Mai als der „Weidenmonat". Die Tiere verließen nach der Winterpause ihre Ställe, um sich nun auf den Weiden das Futter zu suchen. „Winnimanot" oder „wunnimanot" (= Weidenmonat) wurde dieser Monat im Althochdeutschen dann auch genannt. Erst im 16. Jahrhundert deutete man dann den Weidenmonat in den Wonnemonat (= Freudenmonat) um.

Daß aber der Mai zu den schönsten Zeiten im Jahr gehört, war den Menschen schon lange bewußt. In einem Minnelied des Neidhart vom Reuenthal heißt es bereits Anfang des 13. Jahrhunderts:

> Freut euch, jung und alt,
> der Maien mit Gewalt
> den Winter hat verdrungen,
> die Blumen sind entsprungen.

Seitdem ist die Liste der Lieder, Gedichte und Verse, in denen der Mai besungen wird, ins Unzählbare angewachsen. Kein anderer Zeitraum kann soviel Lob auf sich vereinigen. Von daher ist es verständlich, daß bereits dem ersten Tag dieses Monats eine besondere Bedeutung zukommt. Die frühesten Zeugnisse besonderer *Maifeiern* sind schon aus dem achten Jahrhundert bekannt. Mit Tänzen und Spielen wurde der Mai begrüßt. Dabei taten sich besonders die Ritter und der Adel hervor. Aber auch die Bevölkerung der Dörfer und Städte feierte ihr Maifest. Aus Frankreich stammt ursprünglich der Brauch der *Maiumzüge*. Zu Pferd oder zu Fuß zogen die Menschen durch die Gassen und Felder, um den neuen Monat willkommen zu heißen. Dabei waren vielfach die Straßen mit frischem Maigrün, meist Birken, geschmückt. Damit eng zusammen hängt der *Maibaum*, den die jungen Männer den von ihnen verehrten Mädchen vor das Haus setzten. Häufig war der Maibaum als Zeichen besonderer Zuneigung mit bunten Bändern geschmückt. Auch in der Mitte des Ortes wurde vielfach ein Maibaum aufgestellt, der dann zum Zentrum eines Tanzabends wurde. Der *Tanz in den Mai* ist ja auch ein noch heute häufig gepflegter Brauch, selbst wenn die Feiern nicht mehr unbedingt in der Ortsmitte stattfinden. In Bochum im Ruhrgebiet hat das *Maiabendfest* eine mehr als 600jährige Tradition. Dabei wird in jedem Jahr von den heiratswilligen Junggesellen im Stadtpark eine Eiche gepflanzt. Auch die Wahl einer *Maikönigin* ist aus vielen Landschaften Europas bereits seit dem 13. Jahrhundert bekannt.

In römisch-katholischen Gegenden hat das Volksbrauchtum Maria, die Mutter Jesu, zur Maikönigin erhoben. In der Liturgie gilt der Mai als *Marienmonat*. In *Maiandachten*, die oftmals nach einer Prozession unter freiem Himmel gehalten werden, wird die Gottesmutter verehrt. In Bayern wird Maria als Landespatronin angesehen. Aus diesem Grund gilt dort der 1. Mai in besonderer Weise als Marientag. Aber auch Josef gehört in den Mai hinein. Seit 1955 wird in der römisch-katholischen Kirche der 1. Mai als das Fest *Josef der Arbeiter* gefeiert.

Seit rund hundert Jahren hat der Maifeiertag auch eine politische Bedeutung. Er gilt als *Tag der Arbeit*, der heutzutage besonders von den Gewerkschaften begangen wird. Dazu gehören in jedem Jahr Demonstrationen und Kundgebungen, auf denen die Rechte der Arbeiterinnen und Arbeiter unterstrichen werden. Die Idee des Maifeiertages als Tag der Arbeit stammt übrigens aus Amerika. Im Jahre 1889 wurde in Paris der 1. Mai als internationaler Feiertag der Arbeiterbewegung festgelegt. In der Bundesrepublik gilt der 1. Mai als gesetzlicher Feiertag. Der Tag der Arbeit wurde durch Diktaturen in der Vergangenheit häufig mißbraucht. So fanden am Maifeiertag oftmals Militärparaden statt, um die Macht der Waffen unter Beweis zu stellen. Nach der politischen Wende in Europa sind diese Spektakel zum Glück weitgehend verschwunden.

# Muttertag

„Eigentlich ist jeder Tag ein Muttertag", heißt es in einem Gedicht, das Anfang Mai in vielen Kindergärten und Grundschulklassen auswendig gelernt wird. In der Tat ist in diesen Einrichtungen die Woche vor dem zweiten Sonntag im Mai hauptsächlich einem Ereignis gewidmet, dem Muttertag. Da wird gebastelt und gemalt, da wird gelernt und gesungen, damit die Kleinen ihren Müttern auf diese Weise zeigen können, daß sie sie lieb haben. Längst haben aber auch die Geschäftsleute erkannt, daß sich dieser Tag lohnt. Und es sind nicht nur die Floristen, die dann Hochkonjunktur verzeichnen. Geschenkartikel und Kosmetika sind ebenso gefragt wie Blumen. Viele Branchen haben sich des Muttertages angenommen und versuchen, ihn zu nutzen.

Dabei hat alles bescheiden angefangen. 1907 regte die amerikanische Frauenrechtlerin Anna Jarvis an, die Mütter des Landes mit einem besonderen Tag zu ehren. Bereits ein Jahr später fand dieser Vorschlag Gehör; am 10. Mai 1908 wurde in Philadelphia im Bundesstaat Pennsylvania der erste Muttertag begangen. Schnell breitete sich die Idee über die ganze Nation aus, und schon vier Jahre danach erklärte die Synode der Methodistisch-Episkopalen Kirche den Muttertag zum kirchlichen Feiertag. Am 8. Mai 1914 wurde durch Beschluß des Kongresses (Parlament der USA) der Muttertag ein offizieller staatlicher Feiertag.

Parallel zu der Entwicklung in Amerika versuchten englische Frauenrechtlerinnen, einen Ehrentag der Mütter einzurichten. Dieser sollte am früheren „Mothering Sunday" in der Passionszeit (Sonntag „Lätare") stattfinden. Dieser besondere Fastensonntag der Mütter entstand bereits im 16. Jahrhundert, war aber im Laufe der Zeit wieder in Vergessenheit geraten. Die Idee des Muttertages fand auch auf dem europäischen Kontinent schnell begeisterte Zustimmung. Nachdem er sich in der Schweiz und in Skandinavien einbürgerte, wurde er in den zwanziger Jahren auch in Deutschland bekannt.

Zum offiziellen Feiertag wurde der Muttertag in Deutschland durch die Nationalsozialisten. Sie waren es auch, die einen besonderen Orden für Mütter einführten, das „Ehrenkreuz der deutschen Mutter". Dieses Mutterkreuz, wie es im Volksmund hieß, wurde in drei Stufen für das Gebären von vier und mehr Kindern verliehen. Da dieser Orden mit dem Hakenkreuz versehen war, durfte er nach dem Kriege nicht mehr getragen werden.

Für die Anliegen der Mütter will auch das *Deutsche Müttergenesungswerk* eintreten. Es wurde 1950 durch Elly Heuss-Knapp, die Frau des ersten deutschen Bundespräsidenten, gegründet. Beim Müttergenesungswerk arbeiten die konfessionellen Frauenverbände sowie die Frauenverbände der freien Wohlfahrtspflege mit. Das Anliegen dieses Werkes ist vor allem die Förderung von Erholungsmaßnahmen für Mütter. Dazu werden zahlreiche Ferien- und Kurheime unterhalten.

Neben dem Muttertag im Mai hat sich der 8. März als *Internationaler Frauentag* eingebürgert. Dieser Tag wurde 1911 erstmals begangen und sollte die Rechte der Frauen in der Öffentlichkeit unterstreichen. Der Frauentag hängt eng mit der Arbeiterbewegung zusammen. Deshalb wurde er in der Vergangenheit besonders in den sozialistischen Staaten gefeiert. Inzwischen haben sich aber auch andere Frauenverbände des Internationalen Frauentages angenommen und begehen ihn, um auf die Rechte der Frauen aufmerksam zu machen.

Zum *Weltgebetstag der Frauen* im März, der ebenfalls für die Rechte der Frauen eintreten will, gibt es in diesem Buch einen eigenen Abschnitt.

# Eisheilige

„Warte ab, noch sind die Eisheiligen nicht vorbei." Viele, die sich über die Wärme des Frühlings freuen, sollte dieser Satz zur Vorsicht mahnen, die Erwartungen auf einen baldigen Sommer nicht zu hoch zu schrauben. Es ist eine alte Erfahrung, daß auch der Mai nicht nur mit lauen Lüften aufwartet, sondern daß es durchaus noch zu Kälteeinbrüchen und Nachtfrösten kommen kann. Vielfach war das noch bis zur Monatsmitte der Fall – und eben da liegen die Gedenktage jener Heiligen, die der Volksmund wegen der gelegentlichen Temperaturstürze zu „Eisheiligen" erhob. Bei der Zuordnung gibt es allerdings landschaftliche Unterschiede. Die klassischen „Eisheiligen" sind *Pankratius* (12. Mai) und *Servatius* (13. Mai). In Norddeutschland werden sie durch *Mamertus* (11. Mai) eingeleitet. Letzterer fehlt in Süddeutschland und im alpenländischen Raum; statt dessen wird *Bonifatius* (15. Mai) als Eisheiliger gezählt. In manchen Landstrichen wird schließlich auch noch die *kalte Sophie* (15. oder 16. Mai) mit dazugerechnet.

Um den heiligen Servatius, der als Bischof im belgischen Tongern im Jahre 384 starb, rankt sich eine Legende, die indirekt mit der Zeit der Eisheiligen zu tun hat. Auf sein Grab, das heute mit einer Kirche überbaut ist, sollen niemals Regen oder gar Schnee gefallen sein. Deshalb wird sein Todestag am 13. Mai mit dem Ende der Frostgefahr im Frühling gleichgesetzt.

# Christi Himmelfahrt

Vierzig Tage nach Ostern, zwischen den Sonntagen Rogate und Exaudi, wird das Fest Christi Himmelfahrt gefeiert. Es erinnert daran, daß Jesus sich nach seiner Auferstehung seinen Jüngern mehrfach und an verschiedenen Orten gezeigt hat. Diese Erscheinungen werden durch die sogenannte Himmelfahrt beendet. Er verabschiedet sich von seinen Jüngern und ist nun ganz bei Gott. Davon wird im Neuen Testament an mehreren Stellen berichtet (Lukas 24, 50–53; Markus 16, 19; Apostelgeschichte 1, 9).

In der Geschichte der Religionen sind zahlreiche Entrückungs- und Himmelfahrtserzählungen bekannt. Auch das Alte Testament weiß von der Himmelfahrt des Elia (2. Könige 2, 11) und der Entrückung des Henoch (1. Mose 5, 24) zu berichten. Die Himmelfahrt Jesu ist aber dennoch etwas Besonderes. Sie ist in einem engen Zusammenhang mit seiner Auferstehung zu sehen. Gott hat ihn von den Toten auferweckt und hat ihn zum Herrn und Weltenherrscher erhoben. Diese Vorstellung findet sich bereits im ersten Glaubensbekenntnis der Christenheit „Jesus Christus Kyrios = Jesus Christus, der Herr (der Welt)" (Philipper 2, 11). Das wird auch in dem Lied des Himmelfahrtstages deutlich: „Jesus Christus herrscht als König, alles wird ihm untertänig, alles legt ihm Gott zu Fuß" (Evangelisches Kirchengesangbuch, Nr. 96).

So war die Himmelfahrt Jesu ursprünglich eine Ostergeschichte. Erst seit dem vierten Jahrhundert datierte man das Fest gemäß Apostelgeschichte 1, 3 auf den 40. Tag nach Ostern.

Bildliche Darstellungen der Himmelfahrt Christi gibt es bereits aus dem vierten Jahrhundert. Aber erst in der Barockzeit nahm sich die Kunst in besonderer Weise dieses Themas an. Aus dieser Zeit sind auch einige merkwürdige Volksbräuche überliefert. So wurde damals in manchen Kirchen am Himmelfahrtstag eine an einem Seil hängende Christusfigur durch eine Dachluke nach oben gezogen. Nachdem diese verschwunden war, ließ man Oblaten auf die Gläubigen fallen, um so deutlich zu machen, daß der erhöhte Herr im Abendmahlsbrot gegenwärtig ist. Auch war es vielerorts üblich, nach der Verlesung des Evangeliums die Osterkerze auszublasen, um so zu zeigen, daß Jesus vor den Augen der Jünger entschwunden ist. Wie weit im Volksglauben die Symbolik übertrieben wurde, zeigt sich in dem alten Brauch, am Himmelfahrtstag „fliegende Speise" (= Geflügel) zu verzehren. In der Zeit der Aufklärung im 18. Jahrhundert verschwanden aber diese eigenartigen Bräuche.

Seit dem späten 19. Jahrhundert wird der Himmelfahrtstag im weltlichen Bereich als Gelegenheit zu einer sogenannten Herrenpartie genutzt.

Männer ziehen mit Leiterwagen, Bier, Schnaps und Schinken ins Grüne, um dort den *Vatertag* zu begehen.

In der Bundesrepublik Deutschland ist Christi Himmelfahrt ein gesetzlicher Feiertag.

# Pfingsten

„Pfingsten – das sind für mich nur noch ein paar freie Tage." Vermutlich werden viele Zeitgenossen diese Aussage unterstreichen können, denn im Gegensatz zu Ostern oder gar Weihnachten hat das Pfingstfest die wenigste Popularität unter den drei christlichen Hauptfesten. Dabei gäbe es ohne das erste „Pfingsten" damals in Jerusalem gar keine christliche Kirche.

Der Evangelist Lukas berichtet im zweiten Kapitel seiner Apostelgeschichte, daß sich nach dem Ereignis des Pfingstwunders ungefähr 3.000 Menschen taufen ließen, um zur christlichen Gemeinde zu gehören (Apostelgeschichte 2, 41). Pfingsten – das ist unter anderem auch der „Geburtstag" der christlichen Kirche. Ein wichtiger Grund also, dieses Geschehens jedes Jahr zu gedenken.

Der Name „Pfingsten" leitet sich vom griechischen „pentecoste (hemera)" ab und bedeutet „der 50. Tag". In der Tat wird Pfingsten immer am 50. Tag nach Ostern gefeiert. Es zählt also – im Gegensatz zu Weihnachten – zu den beweglichen Festen des Kalenders und wird entweder im Mai oder im Juni begangen.

Liturgisch bildete Pfingsten ursprünglich den Abschluß der Osterzeit. Der auferstandene Christus hatte seine sichtbare Gegenwart mit seiner Himmelfahrt beendet und den Heiligen Geist als „Tröster" (Johannesevangelium 14, 26) gesandt. Aber bereits gegen Ende des dritten Jahrhunderts entwickelte sich Pfingsten als ein eigenständiges Fest, das schnell auch zu einem weiteren Tauftermin für die Katechumenen (= Taufbewerber) wurde.

Die liturgische Farbe für Pfingsten ist Rot als Farbe des Feuers. Lukas berichtet, daß den Jüngern „Zungen, zerteilt wie von Feuer" erschienen (Apostelgeschichte 2, 3). Die Jünger waren also buchstäblich „Feuer und Flamme" für die Sache Jesu. In der Religionsgeschichte symbolisiert Feuer oftmals die Gegenwart der Gottheit. Auch in der Bibel finden wir dafür etliche Beispiele. Hingewiesen sei hier unter anderem auf die Erzählung vom brennenden Dornbusch (2. Mose 3) sowie auf die Geschichte von den drei Männern im Feuerofen (Daniel 3). Neben dem

Symbol des Feuers gehört zum Pfingstfest das Symbol der Taube, obwohl von diesem Tier in der eigentlichen Pfingstgeschichte gar nicht die Rede ist. In den Evangelien wird aber davon berichtet, daß nach der Taufe Jesu der Geist Gottes wie eine Taube herabschwebte. Da nun beim ersten Pfingstfest ebenfalls Gottes Heiliger Geist auf die Erde herabkam, wurde die Taube zu einem Zeichen für Pfingsten.

In den kanaanitischen und ägyptischen Religionen gehörte die Taube zu den göttlichen Tieren. Auch im jüdischen Tempel durften Tauben geopfert werden (3. Mose 1, 14). Seit dem Konzil von Nicäa im Jahre 325 wird die Taube in der christlichen Kirche als ein Symbol für den Heiligen Geist gesehen. Auch im Schmuck mancher Kirchen ist das Symbol der Taube heute noch zu finden. Besonders die Schalldeckel alter Kanzeln wurden gern mit ihm verziert.

Auf der ältesten bildlichen Darstellung der Pfingstgeschichte, einer Miniatur im syrischen Rabbula-Evangeliar aus dem Jahre 586, finden wir beide Pfingstsymbole abgebildet: Maria steht inmitten der zwölf Apostel. Über den Häuptern der Personen züngeln Feuerflammen, und der Heilige Geist schwebt wie eine Taube auf die Szene herab.

Pfingstliches Volksbrauchtum ist vielfach mit Frühlingsbräuchen verbunden. Bekannt ist der Auftrieb des Viehs auf die Weiden. Mit Blumen bekränzt, verlassen die Tiere ihre Stallungen, um bis zum Herbst draußen ihr Futter zu finden. Übrigens hat von dieser Sitte wahrscheinlich der „Pfingstochse" seinen Namen, denn das letzte Tier, das den Stall verließ, war besonders bunt geschmückt. Eine andere Deutung dieser merkwürdigen Bezeichnung stammt aus Mecklenburg. Dort schlachtete man zu Pfingsten einen Ochsen, der am Tag zuvor mit bunt bemalten Hörnern und mit Blumen bekränzt durch den Ort getrieben wurde.

Auch das Schmücken der Kirche zu Pfingsten mit „Pfingst-Maien" (frische grüne Zweige) hat eine lange Tradition. Dieser Brauch hat seine Wurzel in dem Psalm des 1. Pfingsttages, in dem es heißt: „Schmückt das Fest mit Maien bis an die Hörner des Altars" (Psalm 118, 27).

Der *Maibaum*, der in manchen Dörfern auf einer Wiese oder einem Platz aufgestellt wurde, hat ebenfalls eine Verwandtschaft mit dem Pfingst-Maien. Aber auch altes, heidnisches Brauchtum spielt hier mit hinein.

Aus dem Mittelalter sind besondere Pfingstspiele bekannt, bei denen vornehmlich die Ritter ihre Kräfte maßen. Im Jahre 1184 sollen sich in Mainz mehr als 70.000 Menschen zu solchen pfingstlichen Ritterspielen versammelt haben. Kampfspiele zu Pfingsten sind bis heute aus alpenländischen Dörfern bekannt. Da gibt es Wettläufe, Schützenfeste und besondere Reiterkämpfe.

Auch das Wasser spielt beim pfingstlichen Brauchtum eine Rolle. Da werden beispielsweise in Süddeutschland und in Österreich Brunnen mit

Blumen bekränzt. Bei allen christlichen Deutungsversuchen, die das Wasser mit der Taufe der ersten Christen in Verbindung bringen wollen, ist auch hier ein heidnischer Ursprung unverkennbar. Mit den Blumenkränzen sollten eigentlich die Wassergeister besänftigt werden.

# Trinitatis (Dreifaltigkeitssonntag)

Der „Lehre (von der Dreifaltigkeit) ist immer wieder vorgeworfen worden, sie sei spitzfindig, unlogisch, unverständlich, außerdem habe sie für den schlichten, unmittelbaren Glauben keine Bedeutung". Dieses Zitat aus dem „Evangelischen Gemeindekatechismus" (S. 182) zeigt schon die Schwierigkeiten auf, die Christen und Nichtchristen mit der Lehre von der Dreieinigkeit oder Dreifaltigkeit Gottes haben. Der christliche Gott ist Vater, Sohn und Heiliger Geist in einem. Das ist in der Tat schwer zu fassen, und Theologen haben viele Seiten in dicken Büchern damit gefüllt, um das Wesen der Dreifaltigkeit (lateinisch: Trinität) zu erklären. Bereits im sogenannten „Taufbefehl" im Matthäusevangelium, Kapitel 28, 19 heißt es: „Tauft sie auf den Namen des Vaters und des Sohnes und des Heiligen Geistes." Jedoch ist bei der Abfassung dieser Bibelstelle wahrscheinlich noch nicht an eine Dreieinigkeitslehre gedacht worden. Diese entwickelte sich erst im zweiten und dritten Jahrhundert aufgrund verschiedener neutestamentlicher Aussagen über eine Zuordnung von Vater, Sohn und Heiligem Geist. Auf den ökumenischen (= allgemeinen) Konzilien von Nicäa (325) und Konstantinopel (381) wurde ein Bekenntnis entwickelt, das das Verhältnis von Vater, Sohn und Heiligem Geist als *einem* Gott beschreibt. Dieses Bekenntnis ist als sogenanntes *Nizäisches Glaubensbekenntnis* sowohl in den östlichen (orthodoxen) als auch in den westlichen (römisch-katholischen und protestantischen) Kirchen in Gebrauch.

Das *Trinitatisfest* ist erst verhältnismäßig spät entstanden. Alte Belege für diesen Feiertag finden sich um 950 in Lüttich/Belgien. Aber erst im Jahre 1334 schrieb Papst Johannes XXII. Trinitatis als kirchlich gebotenen Gedenktag vor. Mit diesem Feiertag am Sonntag nach Pfingsten wird die Zeit der Feste im Kirchenjahr abgeschlossen. Es beginnt danach die festlose Zeit, die bis zum Ewigkeitssonntag reicht. Die evangelische Kirche zählt die Sonntage nach Trinitatis. Je nach dem Termin des Osterfestes gibt es bis zu 27 Sonntage nach Trinitatis, ehe ein neues Kirchenjahr mit dem 1. Advent beginnt. Der Dreifaltigkeitssonntag selbst hat Weiß, die Sonntage nach Trinitatis haben Grün als liturgische

Farbe. In der römisch-katholischen Kirche spielt der Dreifaltigkeitssonntag für die Zählung des Kirchenjahres keine besondere Rolle.

# Herz-Jesu-Fest

Hoch über Paris, auf dem Hügel Montmatre, thront die weiße Basilika „Sacré-Cœur". Sie ist wohl die berühmteste Kirche, die dem „Herzen Jesu" gewidmet ist. Daß es dabei nicht um die Verehrung eines biologischen Organs des Menschen Jesus von Nazareth geht, ist selbstverständlich.

In der Symbolsprache gilt das Herz als das Innerste eines Menschen. In ihm werden seine Empfindungen, seine Gedanken, seine Zuneigungen und seine Persönlichkeit verkörpert. Auch die Bibel redet in dieser Weise vom Herzen. Mehr als 370mal wird das Wort „Herz" im Alten und im Neuen Testament gebraucht. Auch als Ausdruck der Beziehung zwischen Gott und Mensch dient das Symbol „Herz". So konnten zum Beispiel die Propheten davon reden, daß Gott sein Herz den Menschen zuwendet, die Menschen aber ihr Herz von Gott abwenden. Vom „Herzen Jesu" ist zwar in der Bibel nicht ausdrücklich die Rede, aber um so mehr von den Beziehungen, die Jesus zu den Menschen hat. Seine Empfindungen, seine Gedanken, seine Zuneigungen und seine Persönlichkeit lassen sich darum auch gut durch das Bild vom Herzen umschreiben. Bereits das frühe Christentum verwendete das Symbol des Herzens auf Sarkophagen und Grabsteinen. Vielfach wurde es neben dem Kreuz abgebildet oder mit einer Dornenkrone verziert.

Die Wurzeln einer kultischen Verehrung des Herzens Jesu gehen bis ins Mittelalter zurück. Später geriet sie dann aber ziemlich in Vergessenheit. Erst im 17. Jahrhundert besann man sich wieder auf diesen Brauch, als die französische Nonne Margarete Maria Alacoque in drei Visionen angeblich den Auftrag zur Neubelebung der kultischen Verehrung des Herzens Jesu empfing. Etwa zur gleichen Zeit lebte diese Sitte auch in England wieder auf. Schnell griff die Bewegung auf Frankreich und im Laufe des nächsten Jahrhunderts auf weitere europäische Länder über. Dabei setzten sich besonders die Jesuiten für die Verbreitung dieser Verehrung ein. Unter Papst Pius IX. wurde das Herz-Jesu-Fest im Jahre 1856 zu einem Feiertag für die gesamte römisch-katholische Kirche erklärt. Es wird jeweils am dritten Freitag nach Pfingsten begangen. Gleichzeitig gedenken die Gemeinden aber an jedem ersten Freitag im Monat des Herzens Jesu („Herz-Jesu-Freitag").

Einen ersten Höhepunkt erreichte die Herz-Jesu-Verehrung im Jahre 1875, als erstmalig die ganze Welt dem Heiligen Herzen Jesu anbefohlen wurde. Diese Weltweihe wurde durch Papst Leo XIII. in der Enzyklika „Annum Sanctum" (Heiliges Jahr) vom 25. 5. 1899 bestätigt und erneuert.

Zahlreiche Kirchen und Krankenhäuser sind dem Herzen Jesu gewidmet. Darüber hinaus fühlen sich ihm einige Ordensgemeinschaften besonders verbunden, so zum Beispiel die 1854 gegründete Priesterkongregation der „Missionare vom Heilgen Herzen Jesu" oder die „Missionsschwestern des Heiligsten Herzens Jesu" aus dem westfälischen Hiltrup bei Münster.

Eine ähnliche Verehrung wie das Herz Jesu genießt in der römisch-katholischen Kirche übrigens auch das Herz Marias.

# Fronleichnam

Der Fronleichnamstag zählt mit zu den bedeutendsten Feiertagen im Festkalender der römisch-katholischen Christen. Der Name stammt aus dem mittelhochdeutschen „vrônlichnam" und bedeutet „der göttliche Leib" oder „der Leib des Herrn".

Die Entstehungsgeschichte des Fronleichnamstages ist eng mit der flämischen Stadt Lüttich verknüpft. Dort sah, der Überlieferung nach, im Jahre 1209 die Nonne Juliane in einer Vision am Mond einen schwarzen Fleck. Diese Erscheinung deutete sie als Hinweis auf das Fehlen eines speziellen Festes zur Verehrung des Altarsakramentes. Juliane bewirkte, daß im Jahre 1246 in Lüttich das Abendmahlsbrot in einem Gottesdienst besondere Achtung erfuhr. Dieser Brauch wurde dann jährlich zum Abschluß der fünfzigtägigen Osterfeier (zweiter Donnerstag nach Pfingsten) wiederholt. Bereits 18 Jahre später (11. 8. 1264) legte Papst Urban IV. in der Bulle „Transiturus" den Fronleichnamstag als allgemeinen kirchlichen Feiertag fest. Sehr schnell entstanden auch Prozessionen mit einer geweihten Hostie. Aus anfänglichen Gängen über die Felder entwickelten sich dann rasch prächtige Prozessionen über die Straßen und Plätze. Die erste Prozession in Deutschland ist 1277 in Köln belegt. Ursprünglicher Sinn der Prozession war unter anderem, den Glanz der Kirche den Ketzern vor Augen zu führen. Dies hatte Papst Urban in seinem Sendschreiben zur Anordnung des Fronleichnamsfestes bereits so festgelegt. Beim Konzil von Trient (1545–1563) wurde diese Sinngebung ausdrücklich bestätigt. Erst durch das

Zweite Vatikanische Konzil (1962–1965) erfuhr die Fronleichnamsprozession eine neue Auslegung. Heute soll die Bedeutung des Abendmahles als Mitte des christlichen Glaubens und Handelns besonders unterstrichen werden. Der im Brot gegenwärtige Christus ist auch der Herr der Welt. Deshalb wird das Sakrament aus der Kirche hinaus in die Welt getragen. An vier Stationen macht die Prozession halt, und die Welt wird mit dem heiligen Brot gesegnet.

Der Fronleichnamstag gilt in der römisch-katholischen Kirche als ein gebotener Feiertag. Er fällt also unter das Gebot der Sonntagsheiligung (Besuch der heiligen Messe). In einigen Bundesländern zählt er zu den gesetzlichen Feiertagen.

Natürlich verbindet sich mit dem Fronleichnamsfest eine Fülle von kirchlichem und weltlichem Brauchtum. So war es bereits im 15. Jahrhundert üblich, daß sich die Zünfte und Stände in ihren Trachten in die Prozession einreihten. Noch heute ist es vielerorts so, daß die katholischen Standesvereine geschlossen und mit Fahnen an der Prozession teilnehmen. Auch die Erstkommunionkinder tragen noch einmal ihre Festkleidung und beteiligen sich an dem Umzug. Die Hostie, von einem Priester in einer Monstranz getragen, wird in der Regel von einem Baldachin („Himmel") beschirmt und von Mitgliedern der „Eucharistischen Ehrengarde" oder der örtlichen Schützenvereine geleitet. Sogar Kostümgruppen, die Szenen aus den Heiligenlegenden darstellten, waren durchaus üblich. Besonders die Darstellung des legendären Drachenkampfes durch den heiligen Georg war sehr beliebt. Prozessionen über die Felder mit einer besonderen Segnung der vier Himmelsrichtungen als „Wettersegen" sind aus ländlichen Gebieten bekannt. Schiffsprozessionen gehören zum Beispiel auf den Seen in Bayern vielfach zum Fronleichnamstag. In Westdeutschland ist die „Mülheimer Gottestracht" auf dem Rhein bei Köln ein Ereignis, das neben den Gläubigen auch zahlreiche Touristen anzieht. Weitaus mehr als hundert Schiffe und Boote nehmen daran regelmäßig teil. Im späten Mittelalter wurden am Fronleichnamsfest besondere Prozessionsspiele aufgeführt, die eine enge Verwandtschaft zu den Passions- und Osterspielen hatten. Dargestellt wurden Szenen aus der Bibel, oftmals durch Bilder aus Legenden und anderen Überlieferungen ergänzt. Frühe Belege für solche Spiele am Fronleichnamstag finden sich unter anderem in Prag (1366) sowie im württembergischen Künzelsau (1479). Aber auch aus Spanien und England sind Fronleichnamsspiele bekannt.

# Sommeranfang
# (Sommersonnenwende)

Sommer – Sonne – Ferien! Dieser Dreiklang spielt nicht nur für die Kinder eine große Rolle. Erwachsene freuen sich ebenfalls auf diese Zeit, in der nach Auskunft mancher Werbefachleute die „schönsten Wochen des Jahres" liegen. Der Sommer hat in unseren Breiten stets eine besondere Anziehungskraft auf die Menschen ausgeübt. Die Tage sind hell und lang, es ist warm durch die Kraft der Sonne, die in diesen Monaten ihre geringste Entfernung von der Erde hat. Schon 1225 pries Franziskus von Assisi in seinem berühmten „Sonnengesang" die Schöpfung dieses Gestirns:

> Sei gelobt, mein Herr, mit allen Geschöpfen,
> besonders dem Herrn Bruder Sonne.
> Welcher der Tag ist und durch den Du uns leitest.
> Und er ist schön und strahlend, mit goldenem Glanze.
> Dein Gleichnis ist er, Du Höchster!

Die Sonne ist es auch, die den Sommeranfang bestimmt. Am 21./22. Juni bildet sie nämlich auf ihrer scheinbaren Bahn (Ekliptik) den größten Winkel zum Himmelsäquator. Sie scheint dann still zu stehen, bevor sie sich zu wenden scheint und ihre Bahn wieder zum Himmelsäquator neigt. Es ist der längste Tag im ganzen Jahr.

Schon immer hat dieses Ereignis die Menschen stark beeindruckt. Vor allem in den Gestirnsreligionen des Vorderen und Mittleren Orients kam der Sonnenwende eine besondere Bedeutung zu; aber auch die vorchristlichen germanischen und skandinavischen Religionen sahen in der Sonnenwende ein Zeichen der Götter. Auf der Erde wurden zu Ehren der himmlischen Mächte Feuer entzündet. Durch das Christentum wurden diese Sonnenwendfeuer im späten Mittelalter zu Johannisfeuern umgedeutet, denn der Gedenktag des Täufers Johannes (24. Juni) lag in unmittelbarer Nähe der Sommersonnenwende. In den Alpenländern hat sich dieser Brauch bis in unsere Zeit gehalten.

# Gedenktag Johannes des Täufers – Johannistag (24. Juni)

Etwa am Scheitelpunkt des Jahres, ganz in der Nähe der Sommersonnenwende, liegt der Johannistag, der an den Vorläufer Jesu erinnern soll. Über die Gestalt des Täufers Johannes ist in der Kirchen- und Theologiegeschichte viel spekuliert worden. Offenbar gehörte er einer Täuferbewegung an; wahrscheinlich war er sogar einer der führenden Köpfe dieser Kreise. Zahlreiche Forscher vermuten Johannes in einer Nähe zu den sogenannten Essenern oder zur Sekte von Qumran am Toten Meer. Dabei bleibt offen, ob diese Bewegungen vielleicht ein und dieselbe Gruppe waren.

Informationen über Johannes den Täufer erhalten wir im wesentlichen aus den Evangelien. Daneben bieten auch noch der jüdische Schriftsteller Flavius Josephus (ca. 37–100 n. Chr.) sowie die Berichte der Mandäer (etwa aus dem achten Jahrhundert) ein wenig Quellenmaterial. Man wird aber berücksichtigen müssen, daß wir im Neuen Testament bereits ein Johannesbild aus christlicher Sicht vermittelt bekommen. Wie deutlich dahinter der historische Johannes zu erkennen ist, läßt sich nur schwer sagen.

Der Evangelist Lukas erzählt im ersten Kapitel die Geburtslegende des Täufers Johannes. Danach stammt er aus priesterlicher Familie. Sogar ein angebliches Verwandtschaftsverhältnis zwischen Johannes und Jesus über die beiden Mütter Elisabeth und Maria führt Lukas an (Kapitel 1, Vers 36).

Nach Lukas 3, 1 trat Johannes im 15. Jahr der Regierungszeit des Kaisers Tiberius erstmalig als Täufer auf. Wenn diese Zeitangabe stimmt, dürfte der Beginn seiner Tätigkeit in das Jahr 27 oder 28 nach unserer Zeitrechnung fallen. Ort seines Wirkens war die Landschaft am Jordan, wo er predigte und zu einer Bußtaufe rief. Rituelle Waschungen dieser Art waren im Judentum und in der religiösen Umwelt Israels nicht ungewöhnlich. Nach den Berichten aller vier Evangelien ist auch Jesus durch Johannes getauft worden. Es ist durchaus möglich, daß zwischen den Anhängern Jesu und den Anhängern des Johannes gewisse Kontakte bestanden haben. Darauf deuten verschiedene Stellen in den Evangelien hin (Markus 2, 18; Lukas 11, 2 und 6). Offenbar lebte Johannes als ein Asket. Das läßt sich aus einer Notiz im Markus- und im Matthäusevangelium (Markus 1, 6; Matthäus 1, 4) ersehen. Danach trug Johannes ein Gewand aus Kamelhaaren und um seine Lenden einen ledernen Gürtel. Als Nahrung nahm er Heuschrecken und wilden Honig zu sich.

Nach den drei ersten Evangelien ist Johannes der Täufer auf Veranlassung des Herodes Antipas gefangengenommen und getötet worden. Diese Hinrichtung dürfte wohl einen politischen Hintergrund gehabt haben, da der Einfluß des Johannes offenbar groß war. Der von Markus und Matthäus überlieferte Bericht von dem Tanz der Tochter der Herodias im Zusammenhang mit der Enthauptung des Täufers weist stark legendenhafte Züge auf.

Schon früh wurde der Täufer Johannes von der christlichen Kirche als besonderer Mensch verehrt. Das Matthäusevangelium legt bereits Jesus ein besonderes Zeugnis über ihn in den Mund: „Unter allen, die von einer Frau geboren sind, ist keiner aufgetreten, der größer ist als Johannes der Täufer" (Matthäus 11, 11). Bereits aus dem vierten Jahrhundert sind aus den Gemeinden Ägyptens und Kleinasiens Johannesfeste bekannt. Diese wurden Anfang Januar gefeiert. Nach Lukas 1, 36 war die Mutter des Johannes bereits im sechsten Monat schwanger, als der Engel Gabriel Maria die Geburt eines Sohnes ankündigte. Somit mußte also der Geburtstag des Johannes ein halbes Jahr vor dem Geburtsfest Jesu liegen. Als sich Weihnachten als Fest der Geburt Jesu in der westlichen Kirche durchsetzte, entstand auch die Sitte, den Tag Johannes des Täufers als eine Art „Sommer-Weihnacht" am Abend des 24. Juni zu feiern. Dieser liturgische Brauch ist zwar inzwischen abgeschafft worden, geblieben ist aber der Gedenktag der Geburt des Täufers. Auch der Gedenktag der Enthauptung des Johannes am 29. August hat seinen Platz im liturgischen Kalender.

Durch die Nähe zur Sommersonnenwende am 21. Juni kommt auch dem Brauchtum zu „Johannis" eine besondere Bedeutung zu. Am bekanntesten sind die *Johannisfeuer*, die heute noch vielfach in den Alpenregionen entzündet werden. Diese ursprünglichen Sonnenwendfeuer wurden auf den Täufer umgedeutet, denn im Johannesevangelium, Kapitel 5, Vers 35, wird der Vorläufer Jesu als ein „brennendes Licht" bezeichnet. Dieses Johannisfeuer sollte besonders jungen Ehepaaren Glück und Kindersegen bescheren.

Viel Aberglauben hängt auch mit der *Johannisnacht* zusammen. In dieser Nacht sollen sich Träume erfüllen. Bestimmten Kräutern, die in der Johannisnacht gepflückt und im Haus aufgehängt werden, wird eine besondere Heil- und Zauberkraft nachgesagt. Die alte Heilpflanze Arnika wird im Volksmund noch heute Johannisblume genannt. Auch das Glockenläuten, mit dem in der Johannisnacht früher zu den Gottesdiensten der „Sommer-Weihnacht" gerufen wurde, sollte die bösen Geister oder gar den Teufel bannen, die in dieser Nacht unterwegs waren, um den Menschen zu schaden. Auf den Täufer Johannes wird auch der alte Brauch vom *Johannisbad* gedeutet, bei dem am Gedenktag des Vorläufers Jesu bestimmte rituelle Waschungen vollzogen wurden. Aber auch diese Sitte war stets stark vom Aberglauben überfrachtet, da das Johannisbad böse Gelüste wegwaschen sollte. Überbleibsel dieses Brauches sind noch in manchen Gegenden zu finden, wo man am Johannistag die Brunnen mit Blumen bekränzt.

Sogar die Johannisbeere (oder Johannesbeere) kann ihren Namen auf den Vorläufer Jesu zurückführen. Die Reifezeit der Frucht liegt nämlich etwa am Gedenktag des Heiligen. Auch das Johannisbrot, das als exotische Leckerei in manchen Geschäften angeboten wird, steht in einem Zusammenhang mit dem Täufer. Der Überlieferung nach soll sich Johannes von den Schotenfrüchten dieser in Palästina sehr verbreiteten Pflanzen ernährt haben.

# Siebenschläfer

„Wenn es an Siebenschläfer regnet, dann regnet es sieben Wochen lang." Diese alte Wetterregel ist auch heute noch vielen Menschen bekannt, die sonst mit dem Siebenschläfertag am 27. Juni nichts anzufangen wissen.

Die „sieben Schläfer" waren wahrlich keine müden Gesellen, sondern der Legende nach sieben Brüder, die während der großen Christenverfolgung unter dem römischen Kaiser Decius (249–251) bei Ephesus in Kleinasien (heutige Türkei) wegen ihres Glaubens in eine Höhle eingemauert wurden. Nach fast 200 Jahren wurden die Brüder um 446 aus ihrem Gefängnis befreit und sind, der Überlieferung nach, dabei aus ihrem Dauerschlaf erwacht. So wurden sie als lebendige Zeugen der Auferstehung angesehen und erlangten die Verehrung als Heilige. Sowohl im römischen Heiligenkalender als auch im Märtyrerverzeichnis des Hrabanus Maurus fanden die sieben schlafenden Brüder Aufnahme und gelangten so ins Bewußtsein der Menschen.

Das Motiv vom Dauerschlaf ist in vielen Legenden, Märchen, Mythen und Sagen zu finden. Am bekanntesten sind hier wohl neben den sieben schlafenden Brüdern das Dornröschen mit seinem hundertjährigen Schlaf sowie der Kaiser Friedrich Barbarossa, der der Sage nach im Kyffhäusergebirge so lange schlafen soll, bis auf dieser Welt die Menschen friedlich zusammenleben.

Die Popularität der Legende von den sieben schlafenden Brüdern belegt auch die Tatsache, daß sogar in der 18. Sure des Koran (Al-Khaf = Die Höhle) von ihnen die Rede ist. Da heißt es: „Als die Jünglinge in die Höhle flüchteten, da beteten sie: ‚Oh, unser Herr, begnade uns in deiner

Barmherzigkeit und lenke du unsere Sache zum besten!' Wir ließen sie darauf eine Reihe von Jahren in der Höhle schlafen."

Die mit dem Siebenschläfertag verbundene Wetterregel stammt aus dem „fünfhundertjährigen Kalender", den Abt Knauer von Kloster Langheim im Jahre 1654 herausgab. Hier wurden sogenannte „Lostage" aufgeführt, an denen man das Wetter der nächsten Zeit ablesen konnte. Neben dem Siebenschläfertag gehören unter anderem auch Mariä Lichtmeß (2. Februar), Mariä Himmelfahrt (15. August), der Michaelistag (29. September) und die Tage zwischen Weihnachten und dem 6. Januar zu den Lostagen.


# Peter und Paul – andere Apostelfeste


Das letzte Fest in der ersten Jahreshälfte wird am 29. Juni gefeiert und ist den beiden „Apostelfürsten" Petrus und Paulus zugeeignet. Für das Christentum ist kein anderer Apostel bedeutsamer geworden als gerade diese beiden. Während Paulus der wohl wichtigste Theologe der christlichen Gemeinde war, galt Petrus schon früh als einer der Führer der sich bildenden jungen Kirche. Um ihre Bedeutung für die Christenheit zu unterstreichen, hat man ihnen einen gemeinsamen Gedenktag gewidmet. Dabei waren Petrus und Paulus nicht nur von unterschiedlicher Herkunft, sondern offenbar auch von gegensätzlichem Charakter. Zwischen beiden muß es sogar zu erheblichen Meinungsverschiedenheiten gekommen sein. Im Brief an die Galater berichtet Paulus von einer Auseinandersetzung zwischen ihm und Petrus in der Stadt Antiochien (Galater 2, 11–14).

Petrus gehörte zum Kreis der zwölf Jünger und hieß eigentlich Simon, Sohn des Jona. Aus dem Neuen Testament wissen wir, daß er verheiratet war und als Fischer am See Genezareth arbeitete, bevor ihn Jesus in seinen Dienst rief. Seinen Beinamen Petrus (griechisch: der Felsen) erhielt er der Überlieferung nach von Jesus selbst. Das aramäische Wort für Felsen (Kephas) wird von Paulus und anderen Autoren des Neuen Testamentes oftmals als Bezeichnung für Simon Petrus benutzt. Petrus, einer der ersten Zeugen der Auferstehung, wird als Missionar tätig. Sein Hauptmissionsgebiet war offenbar Israel (Galater 2, 7). Zeitweilig war er auch wohl Leiter der Gemeinde in Jerusalem. Über seinen späteren Aufenthalt in Rom haben wir nur einige außerbiblische Zeugnisse, die aber nicht zweifelsfrei gesichert sind und von zahlreichen Legenden umrankt wurden. Zumindest hat er sich aber nicht sehr lange in dieser Stadt aufgehalten.

Auch über seinen Tod gibt es keine sicheren Erkenntnisse. Angenommen wird die Zeit zwischen 64 und 67 nach der Zeitenwende. Eventuell kam er bei einer Verfolgung der Christen unter Kaiser Nero ums Leben. Der Legende nach soll er mit dem Kopf nach unten gekreuzigt worden sein. Im Johannesevangelium, Kapitel 21, 18–19, wird die Kreuzigung des Petrus wohl angedeutet. Seit alters her wird sein Grab unter der Peterskirche angenommen, jedoch gibt es dafür keine haltbaren Belege. Auch die bei Ausgrabungen im Jahre 1940 gefundenen Gebeine lassen nicht den Schluß zu, daß man das wirkliche Grab des Apostels gefunden habe. Zumindest reicht aber die Verehrung der angeblichen Grabstätte des Petrus bis ins zweite Jahrhundert zurück.

Daß Petrus der erste Bischof von Rom und damit der erste Papst gewesen sei, ist ebenfalls ungewiß. Ohnehin taucht der Titel „Papst" erst im dritten Jahrhundert auf. Der römisch-katholischen Auslegung von Matthäus 16, 18 über den Vorrang des Petrus vor den anderen Aposteln wird von evangelischer Seite widersprochen.

Über das Leben des Paulus wissen wir vor allem aus seinen eigenen Angaben in seinen Briefen. Außerdem bietet die Apostelgeschichte sicher auch historisches Material. Paulus, in der Apostelgeschichte zunächst mit dem jüdischen Namen Saulus bezeichnet, war offenbar ein gebildeter Jude aus der Stadt Tarsus. Ursprünglich fühlte er sich den Pharisäern zugetan. Er scheint als junger Mann in Jerusalem eine Ausbildung zum Rabbi bekommen zu haben. In dieser Eigenschaft hat er wohl auch die christliche Gemeinde verfolgt. Nach seiner Bekehrung vor Damaskus, in der Apostelgeschichte, Kapitel 9, ausführlich und ausschmückend beschrieben, setzte er sich mit ganzer Kraft für die Ausbreitung des Christentums ein. Auf zahlreichen Reisen, die ihn fast durch den ganzen Mittelmeerraum führten, gründete er mehrere christliche Gemeinden. Wahrscheinlich hat Paulus in Rom während einer Christenverfolgung durch Kaiser Nero den Tod gefunden. Nach der Tradition wurde er durch das Schwert enthauptet. Diese Hinrichtungsart war römischen Bürgern vorbehalten. Nach Apostelgeschichte 16, 37 besaß Paulus die römische Staatsangehörigkeit. Sein Grab soll der Legende nach unter der Paulusbasilika in Rom liegen, jedoch gibt es auch hierfür keinerlei Belege.

Das Fest „Peter und Paul" wurde in Rom erstmals im Jahre 258 gefeiert. In der römisch-katholischen Kirche gilt es liturgisch als Hochfest, als gebotener Feiertag für die ganze Kirche. Im Festkalender der evangelischen Kirche wird der 29. Juni als Aposteltag verzeichnet.

Neben dem Tag „Peter und Paul" gibt es noch weitere Gedenktage für den Apostel Petrus. Sie haben aber für die Kirche längst nicht die Bedeutung erlangt wie das Fest am 29. Juni. Sehr alt ist das *Stuhlfest Petri*, das am 22. Februar begangen wird. Ungefähr um 300 entstand es in Rom zum Gedenken an den Amtsantritt des ersten römischen Bischofs. Damals sollte es ein heidnisch-römisches Totenfest verdrängen, bei dem zum Gedenken an die Verstorbenen ein leerer Stuhl kultisch verehrt wurde. Später geriet das Stuhlfest Petri in der Kirche in Vergessenheit und wurde erst im neunten Jahrhundert wieder in Rom gefeiert. Durch einen Erlaß Papst Pauls IV. verlegte man wegen der Fastenzeit den Feiertag auf den 18. Januar. Erst im Jahre 1960 wurde wieder der 22. Februar als Gedenktag des Stuhlfestes eingeführt.

Noch mehr in Vergessenheit geraten ist das *Kettenfest Petri*, bei dem an die wunderbare Befreiung des Petrus aus dem Kerker in Jerusalem gedacht wird, von der in der Apostelgeschichte, Kapitel 12, erzählt wird. Das Fest hat seinen Ursprung im neunten Jahrhundert in Rom und war wohl ursprünglich das Weihefest der Kirche Sankt Petri in Vincula, in der nach der Legende die Ketten des Petrus aufbewahrt werden.

Auch für den Apostel Paulus gibt es einen weiteren Gedenktag. So wird am 25. Januar der Tag der *Bekehrung des Paulus* gefeiert. Vermutlich hat die Bekehrung zwischen den Jahren 32 und 35 nach unserer Zeitrechnung vor Damaskus stattgefunden. Darüber gibt uns die Apostelgeschichte, Kapitel 9, einen plastischen Bericht. Paulus selbst erwähnt seine Bekehrung unter anderem im Brief an die Galater (Kapitel 1, 15–24). Natürlich ist das genaue Datum nicht feststellbar. Bereits im Mittelalter wurde am Fest der Bekehrung des Paulus das Ereignis vor Damaskus dramatisch dargestellt. Die früheste überlieferte Fassung eines solchen Spiels stammt aus dem 13. Jahrhundert. Auch in der Barockzeit hatten Paulusspiele noch eine große Bedeutung. Heute ist der Gedenktag weitgehend in den Hintergrund getreten.

Natürlich haben auch die übrigen Apostel ihre eigenen Gedenktage; jedoch reicht die Bedeutung dieser Feiertage in keiner Weise an das Fest „Peter und Paul" heran. Die Daten dieser Aposteltage sind:

- 24. 2. Matthias
- 3. 5. Philippus und Jakobus der Jüngere
- 3. 7. Thomas
- 25. 7. Jakobus der Jüngere
- 4. 8. Bartholomäus
- 21. 9. Matthäus
- 28. 10. Simon Zelotes und Judas Taddäus
- 30. 11. Andreas
- 27. 12. Johannes

# Friedensfest und Weltfriedenstag

Neben den bekannten staatlichen und kirchlichen Festtagen wird im Kreis Augsburg in Schwaben der 8. August seit dem Jahre 1648 als Feiertag begangen. Am Ende des 30jährigen Krieges, bei dem sich die protestantischen und katholischen Heere bekämpften, erinnerten sich die Ratsherren daran, daß 100 Jahre zuvor im Mai 1548 in den Mauern der Stadt auf dem Reichstag das sogenannte „Augsburger Interim" verkündet wurde. Dieses Dokument versuchte, die nach der Reformation entfachten Religionskriege in Deutschland zu beenden. Hauptverfasser waren die katholischen Bischöfe Michael Melding und Julius Pflug sowie der brandenburgische evangelische Hofprediger und Lutherschüler Johann Agricola. Die reformatorische Lehre sollte bis zur endgültigen Beschlußfassung durch ein Konzil zunächst geduldet werden. Zugleich wurde der Besitzstand der evangelischen Gemeinden garantiert. Obwohl die Beschlüsse des Augsburger Interims vielen Protestanten nicht weit genug gingen, wurde doch durch dieses Dokument ein erster Schritt zu einem Frieden zwischen den Konfessionen getan. Den zweiten Schritt unternahm man ebenfalls in der schwäbischen Stadt, als am 29. 9. 1555 der sogenannte Augsburger Religionsfriede unterzeichnet wurde. In ihm wurde unter anderem festgelegt, daß die Konfession der Landesherren die Konfession der Untertanen bestimmt. Die Formel „cuius regio, eius religio" (wessen das Land, dessen die Religion) gibt in einer Kurzformel den Inhalt des Friedensdokumentes von 1555 wieder. Sie ist schon fast zu einem geflügelten Wort geworden.

Einen wirklichen Frieden zwischen den Konfessionen brachten die beiden Augsburger Dokumente allerdings nicht. Historiker sind sogar der Meinung, daß in ihnen die konfessionelle Spaltung Deutschlands festgeschrieben wurde und daß in ihnen bereits der Keim zu neuen Konflikten steckte. Dies wird unter anderem durch den 30jährigen Krieg bestätigt, der zwischen 1618 und 1648 Deutschland und halb Europa an den Rand des Abgrundes führte. Erst der Westfälische Frieden von Münster und Osnabrück am 24. Oktober 1648 brachte klarere Lösungen und eine ziemliche Entspannung zwischen den protestantischen Konfessionen und der römisch-katholischen Kirche.

Als die Augsburger Stadtväter den 8. August zum Feiertag erhoben, wollten sie verdeutlichen, daß nur „durch Gleichheit und Gleichbeachtung der Konfessionen eine sichere Friedens- und Freundschaftspflege" erreicht werden kann.

Als Weltfriedenstag werden jeweils der 1. Januar (Beginn eines neuen Jahres mit guten Vorsätzen) und der 1. September (1939 Beginn des

Zweiten Weltkrieges durch den Überfall von Hitlerdeutschland auf Polen) begangen. Zusätzlich veranstalten in Deutschland die christlichen Kirchen seit 1980 zwischen dem drittletzten Sonntag im Kirchenjahr und dem Buß- und Bettag die sogenannte Friedensdekade, bei der an zehn Tagen Bittgottesdienste für den Frieden in der Welt gehalten werden. Dieser Brauch geht zurück auf eine Anregung des damaligen Bundes der Evangelischen Kirchen in der DDR. Dieser Vorschlag wurde schnell von den westdeutschen evangelischen Landeskirchen und der römisch-katholischen Bischofskonferenz aufgegriffen. Inzwischen beteiligen sich auch die „Aktion Sühnezeichen/Friedensdienste" sowie die „Arbeitsgemeinschaft Dienst für den Frieden" an der jährlichen Friedensdekade.

# Mariä Himmelfahrt und weitere Marienfeste

„Geboren von der Jungfrau Maria" – so sprechen es die Christen im Apostolischen Glaubensbekenntnis. In der evangelischen Kirche ist dies in der Regel die einzige Stelle im Gottesdienst, bei der die Mutter Jesu genannt wird. Dabei ist Maria ganz und gar nicht als „katholisch" anzusehen. Nach lutherischer Auffassung gilt sie als eine hoch zu verehrende Frau, denn im Lukasevangelium werden ihr Glaube und ihre Demut gerühmt (Lukas 1, 26–56).

Wir wissen wenig von Maria; der biblische Befund ist ausgesprochen dürftig. Neben den Weihnachtsgeschichten des Lukas und Matthäus wird sie nur noch an wenigen Stellen in den Evangelien genannt. So erwähnen Markus, Matthäus und Lukas die Mutter Jesu als eine Frau, die zunächst für das Wirken ihres Sohnes wenig Verständnis zeigt (Markus 3, 31–35 und die Parallelstellen dazu Matthäus 12, 46–50 und Lukas 8, 19–21). Beim Evangelisten Johannes ist sie zusammen mit Jesus Gast auf der Hochzeit von Kana (Johannes 2, 1–12). Johannes ist es auch, der Maria unter den Personen nennt, die beim Kreuzestod Jesu dabei waren (Johannes 19, 25–27). Außerhalb der Evangelien wird sie lediglich noch in der Apostelgeschichte des Lukas im Zusammenhang mit der Himmelfahrt Jesu genannt, als sie zusammen mit den Jüngern und anderen nach Jerusalem zurückkehrt (Apostelgeschichte 1, 14). In den Briefen des Paulus, die noch vor den Evangelien geschrieben wurden, taucht sie überhaupt nicht auf.

Trotz dieser wenigen biblischen Belege hat sich bereits in der frühen Christenheit so etwas wie eine Marienverehrung entwickelt. Die ältesten Zeugnisse gehen dabei auf die Kirchenväter Justin und Irenäus zurück, die etwa in der Mitte des zweiten Jahrhunderts lebten. Aus dieser Zeit stammt auch das Apostolische Glaubensbekenntnis, das wohl in Rom entstanden ist. Auf dem Konzil von Ephesus im Jahre 431 wird Maria erstmalig als „Gottesgebärerin" bezeichnet. Daraus leitet sich der bis heute gebräuchliche Titel „Mutter Gottes" ab.

Aus dem fünften Jahrhundert stammt wohl auch das Fest „Mariä Himmelfahrt", das von einer leiblichen Aufnahme Marias in den Himmel ausgeht. Darunter ist zu verstehen, daß bei Maria die Auferstehung der Toten bereits vorweggenommen ist und sie direkt nach ihrem Sterben in den Himmel aufgenommen wurde. Natürlich kann es deshalb von Maria kein Grab (und damit auch keine Reliquien) geben. Mariä Himmelfahrt ist das wohl älteste Marienfest. Ursprünglich wurde es als „Maria Heimgang" bezeichnet. Diesen Namen trägt es noch heute in den östlichen Kirchen.

Am 1. November 1950 verkündete Papst Pius XII. die Aufnahme Marias „mit Leib und Seele zur himmlischen Herrlichkeit" als Dogma. Damit wird der Glaube an die Himmelfahrt der Maria für römisch-katholische Christen zu einer von Gott geoffenbarten Wahrheit.

Neben dem Fest Mariä Himmelfahrt existieren noch weitere Marienfeste. Von hohem Alter ist dabei der Gedenktag *Mariä Empfängnis*, der am 8. Dezember gefeiert wird. Dieses Fest soll verdeutlichen, daß Maria vom ersten Augenblick ihres Lebens an von aller Sünde und Schuld frei war. Entstanden ist der Tag bereits im siebten Jahrhundert in den östlichen Kirchen. Durch Mönche gelangte er im neunten Jahrhundert in den Westen, jedoch entzündete sich an diesem Fest bald ein heftiger dogmatischer Streit, der vor allem im Mittelalter ausgetragen wurde. Erst seit 1708 wird Mariä Empfängnis als gesamtkirchliches Fest in der römisch-katholischen Kirche begangen. Papst Pius IX. verkündigte 1854 in einem Dogma die absolute Sündenfreiheit Marias und machte damit diese Lehre zu einem Glaubenssatz für die römisch-katholischen Christen.

Sehr alt ist auch das Fest *Mariä Geburt*, das wohl im fünften Jahrhundert ursprünglich als ein Kirchweihfest in Jerusalem entstand. Unter Papst Sergius I. kam es im siebten Jahrhundert nach Rom und wurde als Marienfest begangen.

Das Fest *Mariä Heimsuchung* am 31. Mai erinnert an den Besuch der Maria bei Elisabeth (Lukas 1, 39–56). Auch dieser Gedenktag wurde ursprünglich in den östlichen Kirchen begangen und später auf den Westen übertragen. Die Entstehungszeit dieses Festes liegt im 13. Jahrhundert.

Das jüngste Marienfest ist der Tag *Maria Königin*, der auf den 22. August datiert ist. Es wurde erst 1954 durch Papst Pius XII. eingeführt und proklamiert Maria als Herrscherin über Engel und Heilige. Mit diesem Fest ist der Titel „Himmelskönigin" verbunden. Pius XII. gilt als einer der glühendsten Marienverehrer unter den Päpsten. In dieser Hinsicht hat er in Johannes Paul II. einen Nachfolger gefunden.

Als „Hochfest der Gottesmutter Maria" wird auch der 1. Januar verstanden. Außerdem sind in der römisch-katholischen Kirche alle Samstage sowie der Monat Mai der Maria geweiht.

Die weiteren Feste *Mariä Lichtmeß* (2. Februar) und *Mariä Verkündigung* (25. März) sind liturgisch gesehen Christusfeste und werden von daher gedeutet.

# Herbstanfang

Astronomisch gesehen ist am 23. September der Sommer vorbei, denn an diesem Tag kreuzt die Sonne auf ihrer scheinbaren Bahn (Ekliptik) erneut den Himmelsäquator – Tag und Nacht sind wieder genau gleich. Meteorologisch gesehen muß aber noch ganz und gar nicht die kühle und feuchte Jahreszeit beginnen, denn die Sonne hat noch genügend Kraft, um uns auch bis in den Oktober hinein warme Tage zu bescheren. Aber dennoch läßt sich der Wechsel der Jahreszeiten nicht verleugnen. Die Verfärbung des Laubes der Bäume bringt es an den Tag: Wir haben nicht mehr Sommer. „Bunt sind schon die Wälder", heißt es in einem Herbstlied von Johann von Salis. Gerade der Wechsel der Farben macht für viele Menschen den besonderen Reiz dieser Jahreszeit aus. So ist der „goldene Oktober" geradezu sprichwörtlich geworden.

Herbstzeit – das ist aber auch Erntezeit, obwohl ja in unseren Breiten bereits im August das Einbringen der Ernte beginnt. Vor allem die Weinlese gehört in den Herbst hinein. So ist es nicht verwunderlich, daß in die darstellende Kunst zu dieser Jahreszeit die Abbildung von Weintrauben gehört.

Zum herbstlichen Brauchtum zählen dann natürlich vor allem die Erntefeste, die besonders in ländlichen Gebieten gefeiert werden. Die Wurzel der Erntefeste reicht wohl bis in die Urgeschichte der Menschheit zurück. Den Gottheiten wurde für die Früchte des Feldes der Dank in Form von Opfergaben dargebracht. Sogar Fastentage gehörten durchaus zum Ritual der Erntefeste. Davon zeugen zahlreiche alte Texte aus nahezu allen Kulturen. Auch der christliche Erntedank hat seine Wurzeln wohl in den herbstlichen Erntebräuchen. Näheres dazu ist aber in dem Abschnitt „Erntedankfest" nachzulesen.

Vielleicht ist es auch der Wechsel in der Natur, der die Menschen dazu brachte, die *Totengedenktage* in den Herbst zu legen. Das scheinbare Vergehen der Pflanzen erinnert sicher auch an das eigene Altern und schließlich an das Sterben. So ist vor allem der November ein Monat, in dem wir uns der Vergänglichkeit erinnern.

# Michaelis (Tag des Erzengels Michael und aller Engel)

Engel – gibt's die? Eine Frage, mit der sich die Menschen nicht erst in unserer Zeit beschäftigen. Dabei zählen jene Wesen zwischen den Göttern und den Menschen zu den ältesten Vorstellungen in den einzelnen Religionen. Der holländische Religionswissenschaftler Gerardus ven der Leeuw schrieb 1925 sogar: „Die Engel sind älter als die Götter." So kannten bereits die alten Religionen Persiens und Ägyptens so etwas wie Schutzgeister und unsichtbare Doppelgänger der Menschen. Und bei den Germanen geleiteten die Walküren die auf dem Schlachtfeld gestorbenen Helden ins Totenreich Walhall.

Auch im Alten Testament wird an verschiedenen Stellen von Engeln berichtet, die Gott vergegenwärtigen sollen und die Verbindung zwischen ihm und den Menschen halten. Vielfach wird sogar besonders vom „Engel des Herrn" oder vom „Engel Gottes" geredet. Damit soll betont werden, daß eigentlich Gott selbst handelt, wenn Menschen es mit Engeln zu tun bekommen. Besondere Erwähnung finden die Cherubim als Wächter des Paradieses (1. Mose 3, 24) und die Seraphim als Thronwächter Gottes (Jesaja 6, 2). In der Spätzeit des Alten Testamentes entwickelt sich so etwas wie eine Engelhierarchie. Dabei tauchen dann auch sogenannte „Erzengel" auf.

Der 29. September ist dem wohl berühmtesten dieser Erzengel gewidmet: *Michael* (Übersetzung: Wer ist wie Gott?). Im alttestamentlichen Buch Daniel wird dieser „Erste unter den Engelfürsten" als Schutzengel Israels bezeichnet (Daniel 10, 13). Das Neue Testament kennt ihn als denjenigen, der mit dem Teufel um den Leichnam des Mose stritt (Judas 9), sowie als Kämpfer gegen den Drachen (Offenbarung 12, 7). Aus diesen Bibelstellen wird auch die Rolle Michaels als Schutzpatron der Kirche abgeleitet, denn der Teufel und der Höllendrache bedrohten die Kirche nach dem Volksglauben von Anfang an. Der Erzengel Michael gilt in Deutschland auch als der Schutzpatron des ganzen Volkes. Hier hat er schon früh nach der Christianisierung den germanischen Gott Odin (Wotan) abgelöst, dessen Verehrung vor allem auf den Bergen stattfand. Übrigens hat die Rede vom „deutschen Michel" in der Funktion Michaels als Volkspatron seinen Ursprung.

Nach Michael ist *Gabriel* (Übersetzung: Mann Gottes) der bekannteste Erzengel. Von ihm berichten in der Bibel das Buch Daniel (Kapitel 8, 16 und 9, 21) und der Evangelist Lukas. Dort ist er der Bote, der Zacharias die Geburt des Johannes ankündigt (Kapitel 1, 19) und der Maria mitteilt, daß sie die Mutter des Christus sein wird (Kapitel 1, 26). Seit 1921 wird der 24. März als Gedenktag des Erzengels Gabriel in der römisch-katholischen Kirche begangen.

Ein weiterer Erzengel ist *Raphael* (Übersetzung: Gott heilt). In der eigentlichen Bibel ist von ihm allerdings nicht die Rede. Nur das apokryphe Buch Tobias (Tobit) nennt ihn mehrfach mit Namen. Der Gedenktag Raphaels ist der 24. Oktober.

Aus der Bibelstelle Offenbarung 8, 2 werden in der Tradition sieben Erzengel abgeleitet. Ihre Namen sind aber zum Teil nur durch Legenden überliefert. Lediglich *Uriel* (Übersetzung: Gott ist mein Licht) spielt unter ihnen noch eine besondere Rolle. Er wird als der Führer der Sternenwelt bezeichnet.

Erwähnenswert ist auch das Schutzengelfest, das die römisch-katholische Kirche seit dem 15. Jahrhundert feiert. Es hat seinen Ursprung in Spanien und geht auf die alte Vorstellung von Engeln als persönlichen Begleitern zurück. Seit einem Erlaß von Papst Klemens X. (1670) ist das Schutzengelfest ein gebotener Gedächtnistag am 2. Oktober.

Für Martin Luther haben Engel stets eine Rolle gespielt, weil von ihnen in der Bibel die Rede ist. Aus diesem Grunde hat er auch den Michaelistag am 29. September als Feiertag beibehalten und sogar oftmals zu diesem Anlaß selbst gepredigt. Für ihn waren die Engel Mächte Gottes, die den Christen in den Anfechtungen des Glaubens beistehen können. Bekannt sind sein Morgen- und Abendsegen, in denen es jeweils heißt: „Dein heiliger Engel sei mit mir, daß der böse Feind keine Macht an mir finde." Eine besondere Verehrung der Engel lehnen die reformatorischen Kirchen allerdings ausdrücklich ab.

Dietrich Bonhoeffer hat in seiner Gefangenschaft davon gewußt, daß Gott uns bewahrt. Aus dieser Erfahrung heraus konnte er schreiben: „Von guten Mächten wunderbar geborgen, erwarten wir getrost, was kommen mag. Gott ist mit uns am Abend und am Morgen und ganz gewiß an jedem neuen Tag."

Daß Gott sich durchaus auch „menschlicher" Engel bedienen kann, macht der Dichter Rudolf Otto Wiemer in einem Gedicht deutlich:

Es müssen nicht Männer mit Flügeln sein,
die Engel.
Sie gehen leise, sie müssen nicht schrein,
oft sind sie alt und häßlich und klein,
die Engel.
Sie haben kein Schwert, kein weißes Gewand,
die Engel.
Vielleicht ist einer, der gibt dir die Hand,
oder er wohnt neben dir, Wand an Wand,
der Engel.
Dem Hungernden hat er das Brot gebracht,
der Engel.
Dem Kranken hat er das Bett gemacht,
und er hört, wenn Du ihn rufst in der Nacht,
der Engel.
Er steht im Weg, und er sagt: Nein,
der Engel,
groß wie ein Pfahl und hart wie ein Stein –
es müssen nicht Männer mit Flügeln sein,
die Engel.


# Erntedankfest


„Erntedankfest – das war für mich schon als Kind fast so etwas wie Weihnachten. Die schön geschmückte Kirche, der festliche Gottesdienst; auch heute noch ist dieser Tag ein besonderer Höhepunkt im Jahr."

Vielleicht können wir nachempfinden, was hier erzählt wird. In vielen, vornehmlich ländlichen Gemeinden spielt das Erntedankfest tatsächlich eine besondere Rolle im Kirchenjahr. Dabei gehört es überhaupt nicht zu den „hohen" kirchlichen Feiertagen.

Der rituelle Dank für eine gute Ernte reicht sicher bis in die Urzeiten der Menschheit zurück. Wahrscheinlich glaubten die Menschen von allem Anfang an: „Wachstum und Gedeihen steht in des Himmels Hand", wie es in einem Lied von Matthias Claudius heißt. So brachten sie der Gottheit Opfer dar und statteten damit ihren Dank für empfangene Gaben ab. In der Geschichte von Kain und Abel (1. Mose 4, 3) wird davon erzählt, daß „Kain dem Herrn Opfer brachte von den Früchten des Feldes". Natürlich war dieser Brauch auch in anderen Religionen verwurzelt. Davon geben zahlreiche Ausgrabungen, Funde und schriftliche Überlieferungen Zeugnis.

Im Judentum stellte das Wochenfest, das 50 Tage nach dem Passafest begangen wurde, offenbar auch eine Art Erntedankfest dar. Ebenso hatte das Dankgebet für die Speise bei den gläubigen Juden einen festen Platz. Das Christentum übernahm diesen Brauch. So ist in den Einsetzungsworten des Abendmahls ausdrücklich davon die Rede, daß Jesus das Dankgebet über Brot und Wein spricht. Jedes Tischgebet, das wir heute beten, hängt im Grunde mit dem ursprünglichen Erntedank zusammen.

In der bäuerlich geprägten Gesellschaft entwickelte sich der Brauch, Ernteschlußfeste zu begehen. Diese Feiern, vielfach mit alten, heidnischen Ritualen versehen, erfreuten sich einer großen Beliebtheit. Die Menschen waren froh über einen guten Ertrag, der ihnen das Überdauern des Winters sicherte. Der letzte Erntewagen wurde besonders geschmückt und in einer Prozession ins Dorf gefahren. Auf der Tenne hingen der Erntekranz oder die Erntekrone; mit Ernteliedern, einer gemeinsamen Mahlzeit und anschließendem fröhlichen Tanz feierte das ganze Dorf ein Fest.

Einen kirchlichen Anstrich erhielten Ernteschlußfeste erst gegen Ende des 18. Jahrhunderts. Vielleicht als Widerstand gegen das ursprünglich heidnische Brauchtum wurde besonders in den evangelisch geprägten Gegenden die Bevölkerung in die Gottesdienste eingeladen. Dort gab es dann vielfach besondere Erntepredigten. Außerdem brachten die Gläubigen Früchte des Feldes mit und schmückten damit den Altar. Nach dem Gottesdienst wurden die Gaben an die Bedürftigen der Gemeinde verteilt.

Erst seit dem 19. Jahrhundert hat es sich eingebürgert, das Erntedankfest immer am Sonntag nach dem Michaelistag (29. September) zu begehen. Vorher waren verschiedene Daten in Gebrauch.

In der römisch-katholischen Kirche hat das Erntedankfest eine geringere Bedeutung als in den evangelischen Kirchen.

# Gedenktag der Reformation
# (Reformationsfest)

Als einst der große Reformator,
als kühn dereinst der Mann mit Kraft
die Christenheit von Fron und Joche
der Engelsburg emporgerafft,
da schlug er an der Schloßkirch-Pforte
die fünfundneunzig Sätze an,
daß ob des Hammers kräft'gen Schlägen
erzitterte der Vatikan.

Mit diesen und ähnlichen markigen Worten ist oft jenes Ereignis beschrieben worden, das sich am 31. Oktober 1517 in Wittenberg abgespielt haben soll: der Thesenanschlag durch Martin Luther. Wahrscheinlich ist es damals viel stiller und undramatischer abgelaufen, als
es der Dichter in seinen Versen zu Papier gebracht hat. Die Historiker
sind sich noch nicht einmal darüber einig, ob das Datum stimmt oder ob
er überhaupt die Thesen an die Kirchentür geheftet oder nur verschickt
hat. Zumindest ist das Original jener 95 Thesen nicht mehr erhalten.
Eins aber ist sicher: Luthers Thesen verursachten in der Kirche ein gewaltiges Aufsehen. Seine Gedanken verbreiteten sich in verblüffender
Schnelligkeit in ganz Deutschland und darüber hinaus. Das von ihm
erhoffte Streitgespräch über die Ablaßpraxis wuchs zu einer Bewegung,
die zusammen mit ähnlichen Bestrebungen anderer zu dem wurde, was
wir unter dem Stichwort *Reformation* kennen.

Lange vor Luther gab es in der Kirche Menschen, die sich mit dem
Zustand der Christenheit ganz und gar nicht zufrieden gaben. Seit einigen Jahrhunderten schon war die Glaubwürdigkeit der Kirche in Europa
erschüttert. Die ständigen Zerwürfnisse zwischen dem Papst und den
weltlichen Herrschern hatten dazu geführt, daß die geistlichen Dinge in
der Kirche nicht mehr im Vordergrund standen. 1309 verlegte der Papst
seine Residenz von Rom nach Avignon. Zwischen 1378 und 1417
machten sich verschiedene gleichzeitig regierende Päpste gegenseitig ihr
Amt streitig, bis schließlich mit Martin V. wieder ein Papst gewählt
wurde, den die ganze westliche Kirche anerkannte.

Aber auch in den einzelnen Ländern kam es zu Kritik an der Kirche.
Der Kauf geistlicher Ämter war zwar offiziell verboten, ließ sich aber
kaum unterbinden. Die Priester hatten vielfach nur eine schlechte oder
gar keine Ausbildung. Der Finanzbedarf Roms erforderte erhebliche

Summen. Dazu diente unter anderem die Ausweitung des Ablaßwesens. Aufgekommen war der käufliche Ablaß im Mittelalter zur Finanzierung der Kreuzzüge. Die Gläubigen konnten ihre Sündenstrafen durch den Kauf von sogenannten Ablaßbriefen tilgen. Je mehr Ablaß gekauft wurde, desto weniger hatten die Sünder für ihre Verfehlungen zu büßen. Das Geschäft florierte so gut, daß die Kirche auf diese Einnahmequelle auch nach der Kreuzzugszeit nicht mehr verzichten mochte.

Bereits im 14. Jahrhundert protestierte von England aus John Wyclif gegen das Ablaßunwesen. Rund 50 Jahre später erwuchs mit Johannes Hus in Mitteleuropa ein weiterer Ablaßgegner. Aber die Mißstände konnten auch durch ihn nicht eingedämmt werden.

Als prominenter Ablaßprediger zur Zeit Luthers galt der Dominikanermönch Johannes Tetzel. Martin Luther hat Tetzel wahrscheinlich nie selbst gehört, jedoch waren ihm seine bisweilen marktschreierischen Predigten zu Ohren gekommen. Bekannt ist der – wenn auch historisch nicht sicher belegte – Satz Tetzels: „Sobald das Geld im Kasten klingt, die Seele aus dem Fegefeuer springt."

Im Zuge der Diskussion um seine 95 Thesen forderte Luther: „Die Kirche muß reformiert werden. Aber das ist nicht die Sache eines einzigen Menschen, des Papstes, auch nicht die Sache der vielen Kardinäle, sondern eine Sache der ganzen Welt, ja allein die Sache Gottes. Wann es Zeit für diese Reformation ist, das weiß nur derjenige, der die Zeiten schuf. Inzwischen aber können wir so offenkundige Schäden nicht verschweigen."

Die Zeit war offenbar reif, denn von Wittenberg ging ein Sturm aus, der ganz Deutschland ergriff. Luther blieb nicht allein. Zu ihm gesellten sich andere, die ähnlich dachten. Von großer Bedeutung für die Reformation in Deutschland wurde Philipp Melanchthon, ein Freund Martin Luthers.

Aber auch über die Grenzen Deutschlands hinaus war das Wehen des Reformationssturmes zu spüren. In der Schweiz versuchte Ulrich (Huldrych) Zwingli, den Zustand der Kirche zu verändern. Theologisch stimmte er in vielen Dingen nicht mit Martin Luther überein. Verständigungsgespräche zwischen beiden blieben ohne Erfolg. Später wurde der Genfer Theologe Johannes (Jean) Calvin der entscheidende Kopf der Reformationsbewegung in der Schweiz. Von dort aus breiteten sich seine Anschauungen in ganz Westeuropa aus. Lediglich Frankreich blieb katholisch. In England wurde die Reformation sozusagen „von oben" eingeführt, als sich König Henry VIII. mit dem Papst überwarf und so die anglikanische Kirche ihren Anfang nahm. Heute sind die Kirchen der Reformation in der ganzen Welt verbreitet und machen etwa ein Drittel der Weltchristenheit aus (neben den römisch-katholischen und den orthodoxen Christen).

Das *Reformationsfest* wurde erst recht spät als Feiertag in der evangelischen Kirche begangen. Zwar gab es bereits im 16. Jahrhundert eine jährliche „Danksagung" für die Erneuerung der Kirche, aber ein festes Datum bestand dafür noch nicht. Der 31. Oktober als Gedenktag setzte sich erst nach der 150-Jahr-Feier des Thesenanschlags im Jahre 1667, von Kursachsen ausgehend, ganz allmählich durch. Er ist heute kein gesetzlicher Feiertag, jedoch finden in den meisten Gemeinden an diesem Tag Gottesdienste statt.

# Allerheiligen

Der Gedenktag aller Heiligen und aller Seligen hat eine sehr lange Tradition. Bereits im vierten Jahrhundert gedachte Johannes Chrysostomus in Antiochien am Sonntag nach dem Pfingstfest der Männer und Frauen, die durch ihren vorbildlichen Glauben bedeutend für die Kirche waren. Viele von ihnen erlitten den Märtyrertod. Die Ostkirchen (orthodoxe Kirchen) haben dieses Datum des „Herrentages aller Heiligen" bis auf den heutigen Tag beibehalten. In der westlichen (römischen) Kirche hat der Allerheiligentag eine weitere Wurzel in der Umwidmung des Pantheons (Tempel für alle Götter) in Rom zu einer christlichen Kirche mit dem Namen „Heilige Maria zu den Märtyrern" am 13. 5. 610. Das Gedächtnis dieses Kirchweihfestes wurde von den anderen Gemeinden als Gedenktag zu unterschiedlichen Zeiten begangen. Im Jahre 835 hat Papst Gregor IV. den 1. November als einheitlichen Gedenktag aller Heiligen für die römisch-katholische Kirche festgelegt.

Einen „Märtyrergedenktag" kennen auch die anglikanischen Kirchen und die lutherischen Kirchen in Skandinavien. Im deutschen Protestantismus wurde über einen solchen Gedenktag ebenfalls nachgedacht.

# Allerseelen

Am 2. November, einen Tag nach Allerheiligen, begeht die römisch-katholische Kirche den Gedenktag aller verstorbenen Gläubigen (= aller Seelen). Am Vorabend ziehen die Christen zu den Gräbern, um dort der Toten zu gedenken. Dabei ist es üblich, Grablichter anzuzünden. Dieser

Brauch ist älter als das Christentum. Bei den heidnischen Völkern sollten durch das Licht die Dämonen der Finsternis vertrieben werden. In der Christenheit ist das Grablicht ein Zeichen des Gebetes und des Gedenkens. Auch das Läuten der sogenannten Totenglocke ist ursprünglich als Mittel zur Dämonenvertreibung gedacht. Heute aber rufen die Glocken bei einer Beerdigung zum Gedenken an den Verstorbenen und seine Angehörigen.

Christliches Totengedenken reicht bis in die Anfänge der Kirche zurück. Man feierte an den Gräbern die Eucharistie (Abendmahl) und nahm so die Verstorbenen mit in die Gemeinschaft des Gottesdienstes hinein. Sogar Mahlzeiten wurden an den Gräbern gehalten, um auf diese Weise die Verbindung zwischen Lebenden und Toten aufzuzeigen. Später wurden diese Mahlzeiten in das Trauerhaus verlegt, wo aber ein Stuhl für den Verstorbenen freigehalten wurde. Der „Leichenschmaus", wie er vor allem in ländlichen Gebieten noch heute eine Beerdigung beendet, hat hier eine Wurzel.

Zum Gedenken an einen Toten werden auch besondere Gottesdienste gefeiert. Dabei wird noch einmal fürbittend des Toten gedacht. In der römisch-katholischen Kirche haben sich vor allem das Sechswochenamt und das Jahresgedächtnis eingebürgert. Aber auch zu allen anderen Zeiten sind solche „Seelenämter" möglich.

Daß der Allerseelentag am 2. November begangen wird, geht auf eine Anregung von Abt Odilo von Cluny (994–1049) zurück und wurde 1311 im römischen Kalender bestätigt. Papst Benedikt XV. ordnete 1915 wegen der Gefallenen des (ersten) Weltkrieges den Allerseelentag als „Gedächtnis und Fürbitte für die Verstorbenen, die sich noch im Zustand der Läuterung befinden", für die ganze (römisch-katholische) Kirche verpflichtend an.

In den orthodoxen Kirchen ist ein spezieller Totengedenktag unbekannt.

# Volkstrauertag

Der vorletzte Sonntag des Kirchenjahres ist seit 1952 der nationale Gedenktag für die Opfer der letzten beiden Weltkriege und der Naziherrschaft. Die Wurzeln dieses Volkstrauertages reichen bis ins Jahr 1920 zurück, als der „Volksbund deutsche Kriegsgräberfürsorge" einen Tag zur Erinnerung an die Toten des Ersten Weltkrieges anregte. Die Natio-

nalsozialisten benannten diesen Tag 1934 in einen „Heldengedenktag"
um und verherrlichten das Sterben der Soldaten als „Heldentod".

Nach dem Zweiten Weltkrieg hat es sich der „Volksbund deutsche
Kriegsgräberfürsorge" zur Aufgabe gemacht, die Gräber aller toten Soldaten, Bombenopfer und Toten von Flucht und Vertreibung zu pflegen
und zu erhalten. Damit sollen die Kriegsgräber den Lebenden zu einer
Mahnung für den Frieden werden.

# Buß- und Bettag

Die Geschichte der Buß- und Bettage reicht bis in die vorchristliche Zeit
zurück. So hatte bereits das Volk Israel einen für das ganze Volk ver-
pflichtenden Sühnetag (3. Mose 16, 29–30). Auch in anderen Religionen
waren solche Tage bekannt.

Im frühen Christentum wurde zunächst jeder Freitag als Erinnerung an
den Tod Jesu als Bußtag begangen. Zusätzlich galt auch jeder Mittwoch
als Tag des Gebetes und der Buße. Im vierten Jahrhundert führte der
römische Kaiser Theodosius der Große einen besonderen Buß- und
Bettag für das ganze Volk ein, um damit eine konkrete Not abzuwenden.
Diese außerordentlichen Buß- und Bettage wurden von den Landesherren immer wieder in besonderen Notzeiten angeordnet. Als Zeiten des
Gebetes und der Buße galten auch schon früh die Passionszeit und darin
vor allem die Karwoche sowie die Adventszeit. Bis auf den heutigen
Tag begeht die römisch-katholische Kirche jeden Freitag, der nicht auf
einen Feiertag fällt, als Buß- und Bettag. Das gilt ebenfalls für den
Aschermittwoch.

Nach der Reformation haben die evangelischen Kirchen die Praxis der
Buß- und Bettage im wesentlichen beibehalten. Jedoch kannten die ein-
zelnen Landeskirchen jeweils eigene Buß- und Bettage. So gab es 1878
in Deutschland noch 24 verschiedene Tage der Buße und des Gebetes.
Erst seit Beginn dieses Jahrhunderts ist der frühere preußische Landes-
buß- und Bettag am Mittwoch vor dem Totensonntag ein einheitlicher
Feiertag aller deutschen evangelischen Kirchen. Dieser Tag war in der
Bundesrepublik Deutschland bis vor kurzem ein gesetzlicher Feiertag.
Daneben gibt es in einigen Landeskirchen zusätzlich noch eigene Buß-
und Bettage.

# Totensonntag

Der letzte Sonntag des Kirchenjahres ist der Ewigkeitssonntag. Die gottesdienstlichen Lesungen und Lieder dieses Tages sollen die Gemeinde daran erinnern, daß Jesus Christus einmal wiederkommt, um die Lebenden und Toten zu richten, wie es im Glaubensbekenntnis heißt.

Vielfach wird der letzte Sonntag des Kirchenjahres in den evangelischen Kirchen aber auch als Gedenktag der Entschlafenen oder als Totensonntag begangen. Hier besinnen sich die Christen nicht nur auf die Begrenztheit des eigenen irdischen Lebens, sondern sie gedenken auch der Toten. So gibt es in vielen Gemeinden den Brauch, noch einmal die Namen der Verstorbenen des letzten Jahres im Gottesdienst zu verlesen. Dazu werden die Angehörigen besonders eingeladen. Dieser Tag dient auch dazu, die Gräber der Verstorbenen zu besuchen und mit Blumen zu schmücken.

Der Ursprung für den Totensonntag geht auf den Anfang des 19. Jahrhunderts zurück. 1814 wurde er bereits in Sachsen-Altenburg begangen. Im Jahre 1816 übernahm König Friedrich-Wilhelm III. von Preußen diesen Brauch und richtete in Erinnerung an die Befreiungskriege einen „Feiertag zum Gedächtnis der Entschlafenen" ein. Von Preußen ausgehend, wurde dieser Gedenktag von den meisten Landeskirchen übernommen. In einigen Gegenden bürgerte sich für diesen Sonntag sogar der Name „Totenfest" ein.

Liturgisch gesehen unterscheiden sich der Ewigkeitssonntag und der Totensonntag voneinander. Die Lesungen für den „Gedenktag der Entschlafenen" stellen die Herrschaft des Christus über den Tod in den Mittelpunkt.

# Martinstag

Nach dem römischen Heiligenkalender ist der 11. November der Gedenktag des heiligen Martin von Tours (317/318–397). Er wurde als Sohn eines römischen Tribuns in Gallien geboren, trat als Gardereiter in die kaiserliche Armee ein und ließ sich mit 18 Jahren taufen. Nach der Taufe verließ er das Heer, wurde Mönch und widmete sich der Missionstätigkeit in Gallien. Nach anderen Quellen stammt Martin aus Ungarn, gelangte nach Westeuropa und lebte zunächst als Einsiedlermönch.

Etwa um 360 gründete er in Poitiers das erste Mönchskloster Galliens. Im Jahre 371 wurde Martin der Überlieferung nach gegen seinen Willen Bischof von Tours. Unter seinem Einfluß kam es zu zahlreichen Klostergründungen. Das Christentum breitete sich in großen Teilen Galliens aus. Nach seinem Tode erhob man ihn zum Schutzpatron des fränkisch-merowingischen Reiches.

Die Zahl der Martinslegenden ist groß. Am bekanntesten ist die Erzählung von der Mantelteilung: Martin, hoch zu Pferde, reitet durch die winterliche Nacht. Am Straßenrand sitzt ein Bettler, notdürftig in Lumpen gehüllt. Martin hält sein Pferd an, teilt mit dem Schwert seinen wärmenden Umhang und gibt dem Bettler die eine Hälfte. So wurde er zum Vorbild für die tätige Barmherzigkeit der Christen. Der angebliche Mantel des heiligen Martin wurde im Frankenreich von den Soldaten als siegbringendes Zeichen mitgeführt.

Der Gedenktag des heiligen Martin von Tours am 11. November ist aber nicht nur ein kirchliches Fest. Mit diesem Tag endete nämlich die jährliche Arbeit in der Landwirtschaft. Die Ernte war eingebracht, der Wein gekeltert. Jetzt begann die Arbeit im Haus. Gleichzeitig waren am Martinstag die Zinsen und Pachten an die Grundherren fällig. Knechte und Mägde wurden in der Landwirtschaft nicht mehr gebraucht, sie wurden vielfach freigestellt und bis zum Frühjahr zu ihren Familien zurückgeschickt. In manchen Gegenden gilt der Martinstag auch als Beginn für die Schlachtzeit auf den Bauernhöfen. Außerdem wird der Martinstag als Festtag für die Hirten begangen, die den Heiligen als Beschützer ihrer Herden verehren.

Ähnlich vielfältig sind auch die Martinsbräuche. Am bekanntesten sind wohl die *Martinsumzüge*, die zum Gedenken an den Heiligen veranstaltet werden. Dabei wird vielfach der Umzug durch einen Reiter angeführt, der zusammen mit einem „Bettler" die Legende von der Mantelteilung nachspielt. Dazu werden die verschiedensten Martinslieder gesungen, die zum Teil eine lange Tradition haben. Ihre Wurzeln reichen vereinzelt bis ins Spätmittelalter zurück. Andere stammen aus dem niederdeutschen und niederländischen Sprachraum. Martinsumzüge sind heute längst nicht mehr auf römisch-katholische Kirchengemeinden beschränkt. Ein besonderer Festschmaus am Martinstag ist die *Martinsgans*. Die Herkunft dieses Brauchs ist nicht eindeutig. Einer Legende nach soll Martin von Tours durch das Geschnatter von Gänsen verraten worden sein, als er sich seiner Wahl zum Bischof entziehen wollte und sich versteckte. Wahrscheinlich liegt aber eine Wurzel der Martinsgans bereits im 13. und 14. Jahrhundert, als die bäuerlichen Pächter ihren Grundherren am Martinstag Abgaben zu leisten hatten. Dabei wird in alten Listen auch die Gans erwähnt.

# Adventszeit

„Er wird nun bald erscheinen in seiner Herrlichkeit und all eur Klag und Weinen verwandeln ganz in Freud." So heißt es in dem Adventchoral „Nun jauchzet, all ihr Frommen", den der Berliner Pfarrer und Religionslehrer Michael Schirmer 1640 dichtete (Evangelisches Kirchengesangbuch, Nr. 7, 6). In kaum einem anderen Lied wird die besondere Stellung des Advents im Ablauf des Kirchenjahres so deutlich zum Ausdruck gebracht. Gerade ist der November mit seinem Gedenken an Sterben, Tod und Ewigkeit vorüber, da können sich die Christen freuen auf die Ankunft des Heilandes, der allein in der Lage ist, die Trauer in Freude zu verwandeln. So beginnt mit der Hoffnung auf den Herrn der Herrlichkeit wirklich etwas Neues.

Diese Gedanken haben wohl nur entfernt eine Rolle gespielt, als sich etwa im sechsten Jahrhundert der Advent als Beginn eines neuen Kirchenjahres durchsetzte. Sicher ging es dabei mehr um die damals wachsende Bedeutung des Weihnachtsfestes als Geburtsfest Jesu. Wie das Osterfest durch eine Vorbereitungzeit eingeleitet wurde, so sollte man sich auch auf die Ankunft (= Geburt) Jesu vorbereiten. Adventus (lateinisch: Ankunft) wurde in alter Zeit als eine Art Fachausdruck für das Kommen eines Königs oder eines Gottes gebraucht. Diesen Begriff nahmen die Christen auf und bezogen ihn auf Jesus, denn er ist der König, der in sein Eigentum kommt (Johannes 1, 11).

Die Ursprünge des Advents als Vorbereitungzeit reichen aber noch weiter zurück. Bereits im vierten Jahrhundert lassen sich Spuren in der syrischen Bischofsstadt Antiochien, aber auch in Italien und Gallien feststellen. Dabei war die Vorbereitungzeit auf die Ankunft Jesu unterschiedlich lang. In der gallischen (= französischen) Bischofsstadt Tours, der Stadt des heiligen Martin, beging man die Adventszeit vom Martinstag (11. November) an. Nach dem Namenstag des Heiligen wurde bis zum Weihnachtsfest an drei Tagen in der Woche gefastet. In Syrien dauerte die Adventszeit zunächst nur zwei Wochen, während die armenischen Christen sich sogar sieben Wochen auf die Ankunft des Herrn vorbereiteten. Auch die Zählung einer Adventszeit von 40 Tagen war bekannt. Dabei begann man die Vorbereitungzeit am 25. November, dem Gedenktag der heiligen Katharina von Alexandrien, und sie dauerte bis zum 6. Januar, dem Epiphaniastag. Auf 40 Tage kommt man aber nur dann, wenn man die Sonntage nicht mitzählt. Ohnehin wurden die Sonntage ja nicht als Fast- oder Rüsttage begangen.

Papst Gregor der Große (590–604) bestimmte die Zeit vom vierten Sonntag vor Weihnachten an als Vorbereitungzeit. Damit gab es vier

81

Adventssonntage. Dieser Brauch setzte sich in der Christenheit bis zum elften Jahrhundert immer mehr durch und wird heute in den meisten Kirchen so angewandt.

Da der Advent als Buß- und Fastenzeit gilt, ist Violett die liturgische Farbe im Gottesdienst. Das gilt auch für die andere Fastenzeit des Kirchenjahres, die Passionszeit.

Jeder Sonntag der Adventszeit hat seine eigene liturgische Bedeutung. Darauf weisen besonders die Lesungen des betreffenden Tages hin:

- 1. Advent: „Der kommende Herr";
  Lesung: Einzug Jesu in Jerusalem, Matthäus 21, 1–9.
- 2. Advent: „Der kommende Erlöser";
  Lesung: Das Kommen des Menschensohnes, Lukas 21, 25–33.
- 3. Advent: „Der Vorläufer des Herrn";
  Lesung: Die Anfrage des Täufers, Matthäus 11, 2–10.
- 4. Advent: „Die nahende Freude";
  Lesung: Marias Lobgesang (Magnifikat), Lukas 1, 46–55.

Auch zwischen den Adventssonntagen finden in vielen Kirchen besondere Andachten und Gottesdienste statt. In den römisch-katholischen Gemeinden sind vielfach sogenannte „Rorate-Ämter" bekannt. Der Name stammt aus dem lateinischen Eingangswort der Adventsmesse: „Rorate coeli" (Tauet, ihr Himmel; Jesaja 45, 8). Wachsender Beliebtheit erfreut sich auch die „Frühschicht", bei der sich in vielen Gemeinden vor allem junge Menschen am frühen Morgen treffen, um gemeinsam die Tage im Advent mit Gebet und Besinnung zu beginnen. Evangelische Gemeinden kennen die Adventsandachten, in denen häufig Lieder oder Psalmen im Mittelpunkt der Betrachtungen stehen.

Daß eine so erwartungsfrohe Zeit wie die Adventszeit einen reichen Schatz an Volksbräuchen hervorgebracht hat, versteht sich von selbst. Dabei lassen sich einige Bräuche in ihrem Entstehen weit zurückverfolgen. Mitunter sind aber die Wurzeln gar nicht unbedingt mit dem Kommen des Herrn verknüpft, sondern sie haben ihren Ursprung in den Feiern zur Wintersonnenwende, oder sie hingen mit dem Jahreswechsel zusammen.

Recht jungen Datums ist der inzwischen wohl populärste Brauch im Advent, der *Adventskranz*. Man holte zwar schon seit langer Zeit aus den Winterwäldern grüne Zweige, um sie in der Stube, im Stall oder in der Scheune aufzuhängen. Damit sollten die polternden Geister vertrieben werden, die während der Wintersonnenwende ihr Unwesen trieben. Auch Christen kannten und kennen bis heute diesen Brauch, ohne daß sie dabei unbedingt aber an böse Geister denken. Den Adventskranz aber verdanken wir dem Hamburger Pastor Johann Hinrich Wichern, der als einer der Väter der Diakonie gilt. 1838 schmückte Wichern in der Adventszeit den Kapellenraum des „Rauhen Hauses" in Hamburg mit einem Holzreifen, in den er Tannenzweige geflochten hatte. Bei der Abendandacht am 1. Dezember stellte er eine brennende Kerze auf den Kranz. An den nächsten Tagen kam jeweils eine weitere Kerze hinzu, wochentags eine kleine Kerze und sonntags eine große Kerze. Dieser Brauch, später auf die vier „Sonntagskerzen" reduziert, verbreitete sich bald in ganz Norddeutschland und von da aus im gesamten deutschen Sprachraum. Richtig bekannt wurde der Adventskranz übrigens durch den Ersten Weltkrieg, als ihn deutsche Soldaten in ganz Europa verbreiteten. Römisch-katholische Gemeinden taten sich anfangs etwas schwer mit dem Adventskranz, weil er als „evangelischer" Brauch galt. Aber diese Trennung gehört längst der Vergangenheit an.

Der Kranz gehört zu den ganz alten Symbolen. Ursprünglich bekränzte man jemanden, um ihn einer Gottheit zu weihen. So wurden in der Antike die Sieger bekränzt, weil sie ihren Sieg den Göttern verdankten. Vermutlich steckt dahinter noch ein alter Ringzauber. Durch einen Ring wurden böse Mächte ferngehalten. Auch Brautpaare wurden damals schon bekränzt, und dem willkommenen Gast wurde ein Blumenkranz aufs Haupt gesetzt. Später wurde aus dem Kranz dann eine Krone als Zeichen für Sieg, Macht und Herrlichkeit. Kranz und Krone als Zeichen des Sieges sind uns auch aus dem Neuen Testament bekannt. So redet Paulus von dem „unvergänglichen Kranz", den Christen als Zeichen ihres Glaubens erlangen (1. Korintherbrief 9, 25). Und der Seher Johannes verheißt: „Sei getreu bis an den Tod, so will ich dir die Krone des Lebens geben" (Offenbarung 2, 10). Sicher erinnert der Adventskranz auch an die Dornenkrone, die Jesus nach seiner Verspottung trug.

Inzwischen wird der Adventskranz reich geschmückt. Violette Bänder deuten auf die liturgische Farbe der Buße hin, rote Bänder erinnern bereits an den Tod des kommenden Heilandes. Auch Äpfel, die vielfach in den Adventskranz geflochten werden, haben einen biblischen Bezug. Sie sollen an den „Sündenfall" aus der Paradieserzählung erinnern, wo die Frucht vom Baum der Erkenntnis als Apfel gedeutet wurde (1. Mose 3).

Noch viel jünger als der Adventskranz ist der *Adventskalender*, der wohl in kaum einer Familie mit kleinen Kindern fehlen wird. Seine Entstehungsgeschichte ist nicht so eindeutig zu belegen, wie es bei dem Adventskranz der Fall ist. Aber schon lange gab es wohl den Brauch, die Vorbereitungszeit vor Weihnachten entsprechend zu gliedern. Und auch das Aufstellen von einer wachsenden Anzahl von Kerzen, wie Wichern es bei seinen Andachten im „Rauhen Haus" machte, erinnerte ja daran, daß die Zeit bis zum Fest immer kürzer wurde.

1903 brachte der Münchener Verleger Gerhard Lang seinen „Weihnachtskalender" auf den Markt, indem er einen Bogen mit 24 Feldern sowie einen Bogen mit 24 Bildern zum Ausschneiden verkaufte. An jedem Tag der Adventszeit durften die Kinder nun ein Bildchen ausschneiden und in eins der Felder kleben. Dieser Einfall erfreute sich schnell einer wachsenden Beliebtheit, und der Herausgeber machte ein recht gutes Geschäft mit seinem Produkt. Der Adventskalender in seiner heute gebräuchlichsten Gestalt, bei dem 24 kleine Türchen geöffnet werden, geht wohl auf einen evangelischen Pfarrer zurück, der die Idee Langs abwandelte und hinter den geschlossenen Türchen beschauliche Bilder aus biblischen Geschichten verbarg. Heute haben viele Adventskalender ihren religiösen Bezug völlig verloren. Auch dieser Brauch ist in den Strudel der vorweihnachtlichen Geschäftemacherei hineingeraten und stark kommerzialisiert worden.

Einen Adventskalender besonderer Art bringt in jedem Jahr das römisch-katholische Bistum Essen heraus. Ein bunter Wegbegleiter durch die Advents- und Weihnachtszeit gibt Kindern und Erwachsenen viele Anregungen für die Zeit vom 1. Advent bis zum Dreikönigstag. Mit Geschichten, Texten, Gebeten, Bildern und Liedern soll gleichzeitig an die Fastenaktion ADVENIAT der deutschen katholischen Bischöfe erinnert werden.

Im Zusammenhang mit dem Adventskalender sind auch die bunten *Adventstransparente* zu sehen, die in der vorweihnachtlichen Zeit viele Fenster schmücken oder die man durch Kerzenlicht erhellen läßt. Eine Deutung für diesen Brauch besagt, daß diese Transparente das Licht der Ewigkeit andeuten sollen.

Der *Adventsstern* schmückt in der vorweihnachtlichen Zeit vielfach die Wohnungen und kirchlichen Gebäude. Mit ihm soll an den Stern erinnert werden, der nach der biblischen Überlieferung die Weisen aus dem Morgenland zum Jesuskind nach Bethlehem geführt hat (Matthäus 2, 1–12). Sehr bekannt als Adventsschmuck ist der sogenannte Herrnhuter Stern, der von der Herrnhuter Brüdergemeine stammt und in den Adventssingstunden dieser evangelischen Freikirche gebraucht wurde. Sicher hängt mit dem Sinn der Adventssterne ursprünglich auch das festliche Ausschmücken der Städte in der Vorweihnachtszeit zusammen. Leider ist dieser Brauch vielfach zu einem Reklamerummel für das Weihnachtsgeschäft geworden, und der eigentliche Sinn ist dabei verlorengegangen.

Ein weniger bekannter Adventsbrauch ist das *Frau(en)tragen*, bei dem ein Marienbild jeden Tag zu einer anderen Familie gebracht wird. Dort versammeln sich dann Freunde und Nachbarn zu einer Hausandacht. Dieser Brauch stammt ursprünglich aus dem Alpenland und erinnert an die Herbergssuche. Aus dem Alpenland stammen ebenfalls die *Adventsspiele*, die eine besondere Form der Verkündigung darstellten. Heute sind diese Adventsspiele nur noch vereinzelt anzutreffen. Großer Beliebtheit erfreut sich hingegen in vielen Gemeinden das *Adventssingen*, bei dem mit Hilfe von Liedern über das Kommen des Heilandes nachgedacht wird. Dazu gehört auch das *Adventsblasen*, bei dem die Posaunenchöre entweder in der Frühe der Adventssonntage durch den Ort ziehen und Choräle spielen oder am Abend auf den Plätzen kleine Konzerte geben. Dieses Adventsblasen wurde in Nordwestdeutschland schon im 17. Jahrhundert gepflegt. Weitaus älter sind *Adventsumzüge* und *Lärmumzüge*, wie sie vor allem in manchen Gegenden Oberbayerns gepflegt werden. Sie haben eigentlich nichts mit dem christlichen Advent zu tun, sondern sollten ursprünglich böse Geister und Dämonen von den Häusern fernhalten.

# Barbaratag

Im Ruhrgebiet und in anderen Bergbauregionen spielt der Barbaratag eine besondere Rolle. Die heilige Barbara, deren Gedenktag am 4. Dezember begangen wird, gilt nämlich als Schutzpatronin der Bergleute.

Es ist nicht sehr viel, was wir von Barbara wissen. Gelebt haben soll die Tochter des reichen Kaufmanns Dioskoros um 300 in Nikomedien im Nordwesten der heutigen Türkei. Der Überlieferung nach hat sie sich gegen den Willen ihres Vaters taufen lassen. Dioskoros wollte seine Tochter vom Glauben abbringen und ließ sie in einen Turm sperren. Doch Barbara blieb eine standhafte Christin. Der erboste Vater übergab sie dem Richter, der das Todesurteil fällte. Angeblich wurde sie von Dioskoros eigenhändig enthauptet.

Zur Erinnerung an die heilige Barbara werden bis heute Kirschzweige am 4. Dezember von den entlaubten Bäumen geschnitten und in der Wohnung ins Wasser gestellt. Mit etwas Glück schlagen die Zweige aus und blühen zu Weihnachten. Der Ursprung für diese Sitte ist in einer Legende zu suchen, nach der sich auf dem Weg ins Gefängnis ein Kirschzweig in Barbaras Kleid verfangen haben soll. Sie nahm diesen Zweig mit und stellte ihn in ihren Wasserkrug. Nach einiger Zeit sprossen Knospen, die kurz darauf aufsprangen und zarte Blüten freigaben. Am gleichen Tag wurde Barbara zur Hinrichtung geführt. Die frischen Blüten am Kirschzweig waren für Barbara aber ein Zeichen der Hoffnung.

Nicht nur die Bergleute verehren Barbara als Patronin. Auch bei den Glockengießern, den Bauarbeitern und den Kanonieren genießt sie ein besonderes Ansehen. In der römisch-katholischen Liturgie gilt sie als Beistand in der Sterbestunde und wird zu den 14 Nothelfern gerechnet.

# Nikolaus

Obwohl kaum einer der Volksheiligen so kommerzialisiert wurde wie Nikolaus, liegt seine historische Herkunft ziemlich im dunkeln. Eigentlich gibt es zwei Männer mit Namen Nikolaus, deren Biographien in die Legenden um den heiligen Mann einflossen. Der eine war Bischof von Myra in Kleinasien und lebte etwa von 270 bis 327 n. Chr. Der andere war Abt des Klosters Sion und wurde später Bischof von Pinara, ebenfalls in Kleinasien. Dieser lebte rund zwei Jahrhunderte später und starb am 10. 12. 564.

Das Grab des Bischofs von Myra wurde sehr bald ein beliebter Wallfahrtsort. Bis zum elften Jahrhundert wurde der Nikolauskult aber lediglich in der Ostkirche begangen. Nachdem italienische Kaufleute die in Kleinasien geraubten Gebeine nach Bari (Süditalien) verschleppt hatten, fand die Verehrung des heiligen Nikolaus schnell auch im Abendland seine Anhänger. Vor allem die Kaufleute und die Seefahrer verehrten ihn als Schutzpatron, aber auch Wirte, Fleischer und Bäcker nahmen ihn für sich in Anspruch, ebenso Junggesellen auf Brautschau und kinderlose Ehepaare. Nikolaus zählt zu den 14 Nothelfern. Das sind Heilige, die als besonders wirkungskräftig angesehen werden. Man kann sie dem Volksglauben nach in Nöten aller Art anrufen. Der Nothelferkult ist bereits im 13. Jahrhundert bekannt. Ein besonderes Zentrum dafür ist die Wallfahrtskirche „Vierzehnheiligen" in Oberfranken.

Auf dem Konzil in Oxford im Jahre 1222 wurde der 6. Dezember als kirchlicher Feiertag für Nikolaus eingeführt. In Deutschland waren Köln und Trier die Hochburgen der Nikolausverehrung. Besonderes Ansehen genießt der Heilige auch in den Niederlanden (Sinte Klaas) und in Skandinavien. Über die englischsprechenden Länder wurde er schließlich als Santa Claus mit dem Christfest verbunden und gelangte so zur fragwürdigen Rolle des Weihnachtsmannes, der in der Heiligen Nacht mit dem Rentierschlitten durch die Luft fährt, durch den Kamin in die Wohnzimmer gelangt und den Kindern die Weihnachtsgeschenke bringt.

Im Volksglauben ist der gabenbringende Nikolaus oft von einem oder mehreren Gefährten begleitet. Am bekanntesten sind hier Knecht Ruprecht und Hans Muff. Vielfach wurden diese als eine Art „Erziehungsmittel" benutzt, um angeblich unartige Kinder einzuschüchtern. Eine Wurzel dieser Kinderschreckgestalten mag in einem vorchristlichen Dämonenglauben liegen.

Die Zahl der Nikolauslegenden ist ungeheuer groß. Zu den verbreitetsten gehört die Erzählung von der Rettung der Kinder in Myra: In der Hafenstadt in Kleinasien herrschte zur Zeit des Bischofs Nikolaus eine große Hungersnot. Schiffe wurden ausgeschickt, um in fernen Ländern Korn einzukaufen. Voller Sehnsucht erwarteten die Menschen die Rückkehr der Schiffe. Da versperrten Piraten die Hafeneinfahrt. Sie drohten, die Kornschiffe in Brand zu setzen, wenn ihnen die Bewohner von Myra nicht viel Gold übergäben. Als die Piraten nicht genug Schätze erhielten, wollten sie statt dessen die Kinder der Stadt in die Sklaverei verkaufen. In letzter Minute erschien der Bischof und übergab den Piraten die Kirchenschätze. Die Kornschiffe durften passieren, die Kinder waren gerettet.

Eine weitere Nikolauslegende berichtet davon, daß der heilige Mann in der Nacht vor seinem Geburtstag zusammen mit seinem Diener den armen Kindern der Stadt Geschenke vor die Tür legte. Es machte ihm große Freude, andere Menschen glücklich zu machen. Die sogenannte „Jungfrauenlegende" erzählt davon, daß Bischof Nikolaus drei arme Schwestern vor der Prostitution bewahrte, als er dem Vater der Mädchen heimlich Gold zukommen ließ, damit sie nicht durch „sündiges Tun" den Lebensunterhalt ihres Vaters sichern mußten.

Sehr bekannt ist auch die Legende vom Teppichwunder: Ein frommes Ehepaar aus Konstantinopel glaubte an den heiligen Nikolaus. Jedes Jahr wurde sein Gedenktag festlich begangen. Nun geschah es, daß sie im Alter arm wurden. Um zu überleben, mußten sie ihren ganzen Besitz verkaufen. Wie in jedem Jahr, wollte das Ehepaar auch diesmal den Gedenktag des Heiligen mit einem schönen Fest begehen. Aber die Frau war verzweifelt. Womit sollte das Fest ausgerichtet werden? Aller Besitz war bereits verkauft. Es war kein Geld mehr da, um die Vorbereitungen zu bezahlen. Da fiel ihr Blick auf die letzte Habe, die ihr noch geblieben war, ein schöner, alter Teppich. Auch der sollte nun noch in der Stadt verkauft werden. Schnell schickte die Frau ihren Mann zum Markt. Auf dem Weg dorthin traf er einen weißbärtigen Greis. Dieser fragte: „Guter Herr, willst du diesen Teppich da verkaufen?" Der Mann bejahte – voller Freude darüber, daß sich so schnell ein Käufer fand. „Sind Ihnen sechs Goldmünzen recht?" fragte der Greis. Schnell wurden die beiden handelseinig. Glücklich eilte der Mann in die Stadt, um Schmuck und Essen für das Fest des heiligen Nikolaus einzukaufen. Unterdessen klopfte der weißbärtige Greis an die Tür der Frau. Als sie öffnete, bekam sie von dem Alten den Teppich in die Hand gedrückt. „Nimm dies Geschenk. Dein Mann kauft noch ein wenig ein", sagte er zu der Frau. Doch die Frau wollte dem Greis nicht glauben. „Mein Mann hat mich belogen", dachte sie. „Er hat den Teppich nicht verkaufen können." Als ihr Mann nach Hause kam, wurde er mit bösen Worten empfangen. Doch er blieb ruhig und ließ sich den Überbringer des Teppichs beschreiben. Da erkannte der Mann, daß der heiligen Nikolaus selber der Wohltäter gewesen war. Er dankte Gott und erzählte überall von dem Teppichwunder.

In nahezu allen Nikolauslegenden wird der heilige Mann als ein Helfer und Retter in großer Not geschildert. Sicher ist hier eine Wurzel seiner enormen Popularität zu suchen.

# Tag der Menschenrechte

„Die Würde des Menschen ist unantastbar", so heißt es in Artikel 1, Absatz 1 des Grundgesetzes der Bundesrepublik Deutschland. Damit wird in unserer Verfassung gleich zu Beginn zum Ausdruck gebracht, daß jeder Mensch mit gleicher Würde ausgestattet ist und daß niemand das Recht hat, ihm diese Würde zu verletzen oder gar zu nehmen. Leider hat die Geschichte bis auf den heutigen Tag gezeigt, daß es dennoch immer wieder zu Übergriffen von Menschen gegen Menschen kommt, bei denen die Würde des einzelnen oder ganzer Gruppen oder gar Völker buchstäblich mit Füßen getreten wird.

Dabei ist die Idee von den unveräußerlichen Rechten des Menschen nicht erst eine Erfindung unserer Tage. Schon die Religionen und Kulturen des Altertums stellten den Menschen unter einen besonderen Schutz. So stattet ihn die Schöpfungsgeschichte im Alten Testament mit einer ausdrücklichen Würde aus, wenn es dort heißt: „Gott schuf den Menschen zu seinem Bilde" (1. Mose 1, 27). Und auch die Philosophien der Antike betonen eine Einreihung des Menschen in eine göttliche Ordnung, aus der er nicht willkürlich herausgelöst werden kann. Im Mittelalter wurden die persönlichen Rechte der Menschen zuerst im Jahre 1215 in der sogenannten „Magna Charta" festgeschrieben, mit der in England die Untertanen gegen die Übergriffe der Krone geschützt werden sollten. Diese 63 Artikel umfassende Urkunde wurde zum Vorbild für zahlreiche Verfassungen in Europa und der übrigen Welt. Auch die amerikanische Unabhängigkeitserklärung von 1776 greift auf die Magna Charta zurück und schreibt die Rechte des Menschen auf Freiheit, Eigentum, Religionsausübung und Leben fest. Die Forderung der Französischen Revolution von 1789 nach Freiheit, Gleichheit und Brüderlichkeit ist ebenfalls ein Ausdruck des Strebens nach Menschenrechten. Auf der anderen Seite ist gerade die Französische Revolution ein Musterbeispiel für die Verletzung von fundamentalen Menschenrechten, denn eine unermeßliche Zahl von Männern, Frauen und sogar Kindern wurde im Zuge dieses Umsturzes durch die Guillotine hingerichtet.

Nach dem Zweiten Weltkrieg, in dem die Menschenrechte kaum noch etwas galten und allein durch Deutsche mehr als sechs Millionen Menschen wegen ihrer Religionszugehörigkeit ermordet wurden, versuchte die Generalversammlung der Vereinten Nationen einen neuen Anfang, indem sie am 10. Dezember 1948 eine allgemeine Erklärung zum Schutz der Menschenrechte verkündigte. In ihr wird in 30 Artikeln festgestellt, daß allen Mitgliedern der menschlichen Familie gleiche und unveräußerliche Rechte innewohnen, die die Grundlage für Freiheit, Gerechtigkeit und Weltfrieden bieten sollen. Diese Erklärung der Menschenrechte wurde am 7. August 1952 zum verbindlichen Recht der Bundesrepublik Deutschland erklärt. Nahezu alle Staaten der Welt haben die UNO-Erklärung inzwischen ratifiziert und als eigenes Recht angenommen. Dennoch wird in vielen Ländern immer wieder dagegen verstoßen. Amnesty international und andere Organisationen werden nicht müde, stets aufs neue die Verletzungen der Menschenrechte anzuprangern. Aber bis auf den heutigen Tag ist der Abstand zwischen Anspruch und Wirklichkeit nicht geringer geworden. Darum ist es notwendig, gerade die heranwachsende Generation wieder und wieder darauf hinzuweisen, daß jeder Mensch ein Recht auf die Unverletzlichkeit seiner Würde und seiner Person hat. Der „Tag der Menschenrechte", der jedes Jahr am Jahrestag der Verabschiedung der UNO-Charta (10. Dezember) begangen wird, ist eine Gelegenheit, dies fortwährend neu deutlich zu machen.

# Winteranfang (Wintersonnenwende)

„Der Winter ist ein rechter Mann, kernfest und auf die Dauer." So singt es der Dichter Matthias Claudius in seinem bekannten Lied. Gerade die kalte Jahreszeit hat schon immer die Phantasie der Menschen bewegt, waren sie doch in früheren Zeiten viel stärker den Unannehmlichkeiten der Natur ausgesetzt. Da wurde der Winter als eine Person dargestellt, vor der man in besonderer Weise Respekt haben mußte. Wenn er seine Herrschaft antrat, dann kämpften die Menschen mitunter um ihr Überleben. Wehe dem, der nicht genügend Vorräte an Lebensmitteln und Heizmaterial gesammelt hatte. Inzwischen hat in unseren Breiten der Winter durch volle Lebensmittelläden und Zentralheizungen weitgehend seine Schrecken verloren. Lediglich die Autofahrer spüren bei Eis und Schnee noch etwas von der Last vergangener Zeiten.

Astronomisch gesehen beginnt der Winter am 22./23. Dezember zur Zeit der Wintersonnenwende. Bei der Beobachtung der Sonne hat man den Eindruck, sie würde auf ihrer scheinbaren Bahn (Ekliptik) stillstehen, bevor sie den Winkelabstand zum Himmelsäquator wieder verändert und sich zu wenden scheint. Nach der längsten Nacht wird nun die dunkle Tageszeit wieder kürzer. Es bleibt täglich immer ein wenig länger hell. Durch die größere Entfernung von der Sonne ist es aber auf der nördlichen Erdhalbkugel kalt.

Das Ereignis der Wintersonnenwende hat in vielen alten Kulturen, die ja vielfach die Gestirne als Gottheiten ansahen, zu feierlichen Riten geführt. Da die Sonne mit dem Feuer in Verbindung gebracht wurde, entzündeten die Menschen zu Ehren der himmlischen Mächte auf der Erde Holzfeuer.

Einen hohen Bekanntheitsgrad hat heute noch das *Julfest*, eine altgermanische Feier der Wintersonnenwende. In welcher Weise dieses Julfest früher genau begangen wurde, ist nicht überliefert, jedoch scheint es wohl auch eine Art Totenfest gewesen zu sein. Nach der Christianisierung wurden die Wintersonnenwendfeiern durch das Weihnachtsfest abgelöst, da ja die Weihnachtstage in der Nähe des Datums der Wintersonnenwende liegen. In einigen skandinavischen Sprachen merkt man davon noch etwas durch die Bezeichnung „Jul" für Weihnachten. Auch der *Julbock*, jene Tierfigur aus Stroh, die viele Weihnachtstische schmückt, stammt aus dem skandinavischen Raum und erinnert an die früheren Feste zur Wintersonnenwende. Kulturforscher sehen übrigens in den Rentieren, die den Schlitten des „Weihnachtsmannes" ziehen sollen, eine Abbildung des Julbockes.

# Weihnachten

Die Frage nach dem bedeutendsten christlichen Fest würden wohl viele Zeitgenossen spontan mit „Weihnachten" beantworten. Dabei ist diese Ansicht weder historisch noch theologisch gerechtfertigt. Ganz sicher aber ist Weihnachten in unseren Breiten zum populärsten Fest geworden, das auch von denen begangen wird, die sonst mit der christlichen Religion nicht besonders viel anzufangen wissen.

Das Wort „Weihnachten" selbst ist im zwölften Jahrhundert erstmalig belegt und geht auf das mittelhochdeutsche „wihenaht" (geweihte Nacht, heilige Nacht) zurück. Die unter dem Namen „Spervogel" um 1170 herausgegebene mittelhochdeutsche Spruchsammlung berichtet davon, daß „ze wihenaht geborn wart: daz ist der heilige Krist". Die „heiligen Nächte" wurden schon von den Germanen zur Zeit der Wintersonnenwende im Dezember begangen. An diesen alten Kult erinnert aber nur im deutschen und skandinavischen Bereich die Bezeichnung für das Fest. Das englische „christmas" und das niederländische „kerstmis" weisen statt dessen auf die Hauptperson dieses Tages, auf Christus, hin. Und in den romanischen Sprachen leitet sich die Bezeichnung vom lateinischen „(dies) natalis" (= Geburtstag) ab und betont so den Grund der Feier von Weihnachten.

Das Datum der Geburt Jesu ist natürlich unbekannt. Ebenfalls weiß man nicht genau sein Geburtsjahr, das wohl zwischen 7 und 4 vor unserer Zeitrechnung gelegen haben mag. Die christliche Kirche war ohnehin in ihrer frühen Zeit nicht daran interessiert, den Geburtstag Jesu zu feiern. Geburtsfeste gab es in den heidnischen Kulten, die vom Christentum abgelehnt wurden. Das geringe Interesse an der Geburt Jesu belegt auch der Aufriß der Evangelien, in dem die Passions- und Osterberichte den breitesten Raum einnehmen. Geburtsgeschichten finden sich lediglich bei Lukas und Matthäus (Lukas 2, 1–20 und Matthäus 1, 18–2, 12).

Ursprünglich wurde der Geburt Jesu im Zusammenhang mit dem Epiphaniasfest am 6. Januar gedacht. Dieses Fest ist seit dem vierten Jahrhundert nachweisbar und wurde wohl erstmalig in Ägypten gefeiert. In der abendländischen Kirche verlor der Epiphaniastag gegen Ende des vierten Jahrhunderts seine Bedeutung als Geburtsfest Christi und wurde durch eine Feier am 25. Dezember verdrängt. Daß man ausgerechnet diesen Tag erwählte, hängt mit verschiedenen Faktoren zusammen. Zum einen wurde an diesem Tag nach heidnischem Brauch der Wiederkehr des „sol invictus" (des unbesiegbaren Sonnengottes) gedacht. Dieser Sonnenkult war auf den Kaiser von Rom bezogen, der sich als Gottessohn verehren ließ. Die Christen sahen nun in Jesus den wahren Sohn Gottes, der als Licht in die Welt gekommen ist. Zum anderen wurde der 25. Dezember zum Geburtsfest Christi durch eine Kalenderberechnung. Die Tagundnachtgleiche im Frühling lag auf dem 25. März. Dieser Tag wurde mit dem ersten Schöpfungstag gleichgesetzt. Wenn Jesus nun die „neue" Schöpfung ist, dann war an diesem Tag auch seine Empfängnis. Neun Monate später (= 25. Dezember) mußte also sein Geburtstermin liegen. Diese Berechnung ist bereits im römischen Kalender des Filokalus von 354 zu finden. Der Dezembertermin setzte sich von Rom aus schnell im ganzen Abendland durch und drängte den Epiphaniastag in seiner Bedeutung zurück. In der orthodoxen Kirche gilt allerdings nach wie vor der 6. Januar als das bedeutendere christliche Fest.

Dem Weihnachtstag voraus geht der *Heilige Abend*, der in unseren Breiten wohl als populärster Feiertag gilt. Nach altem Brauch beginnt ein Festtag bereits um 18 Uhr des Vortages. Damit gehört der Heilige

Abend schon mit zu Weihnachten. Die Christvespern am Abend und die Christmetten in der Nacht oder am frühen Morgen leiten die Reihe der Festgottesdienste ein. An kaum einem anderen Tag ist die Zahl der Gottesdienstbesucher größer als zu Weihnachten. Hier ist noch ein wenig von der allmählich schwindenden volkskirchlichen Tradition zu spüren. Die Gottesdienste werden in der Regel besonders festlich ausgestattet. Die Kirchen sind mit Kerzen geschmückt. In manchen Gemeinden gehört neben oder an Stelle der Predigt ein sogenanntes *Krippenspiel* zum Brauch der Gottesdienste am Heiligen Abend. Diese Tradition reicht bis ins Mittelalter zurück, das bereits szenische Darstellungen der Geburt Christi kannte.

Auch das *Quempassingen* hat eine alte Tradition. Der Name leitet sich von dem lateinischen Liedanfang „Quem pastores laudavere" (Den die Hirten lobeten) ab. Im 15. Jahrhundert kam vornehmlich in den mittel- und ostdeutschen Ländern der Brauch auf, das Weihnachtsgeschehen in der Christmette durch einen Rund- und Wechselgesang darzustellen. Dabei verteilten sich in vier Ecken des Kirchraumes die Chöre und sangen einander im Wechsel die Weihnachtsbotschaft zu. Später wurde das Quempassingen auch auf Straßen und Plätzen gepflegt. Dabei wurden dann vielfach auch Gaben eingesammelt.

Eng damit zusammen hängt das *Kurrendesingen* und *Kurrendeblasen* zu Weihnachten. Das Wort stammt vom lateinischen „currere" (= laufen). Ursprünglich gingen zu den kirchlichen Festen bedürftige Schüler oder Studenten durch die Straßen und sangen geistliche Lieder. Dabei sammelten sie Gaben für ihren Lebensunterhalt. Auch Martin Luther hat sich als Lateinschüler in Eisenach auf diese Weise sein Brot verdient. In zahlreichen Gemeinden wird in der Advents- und Weihnachtszeit das Kurrendesingen und -blasen heute noch gepflegt. Sänger und Posaunenchöre ziehen in der Frühe durch die Straßen und verkündigen auf ihre Weise die Botschaft vom Kommen des Herrn. Auch das *Gloriablasen*, bei dem am Heiligen Abend Bläserchöre von den Kirch- und Rathaustürmen Weihnachtschoräle spielen, gehört mit in diesen Zusammenhang. Überhaupt ist das Weihnachtsfest ein *Fest des Singens und Musizierens*. Während die Weihnachtshymnen des Mittelalters vornehmlich lateinische Gesänge waren, entstanden in der Reformationszeit auch zahlreiche deutsche Lieder. Vielfach übertrug man die lateinischen Texte einfach ins Deutsche. Als Schöpfer eigener deutscher Weihnachtslieder gilt Martin Luther. Von ihm stammt unter anderem „Vom Himmel hoch, da komm ich her", das er selbst als „ein Kinderlied auf die Weihnacht Christi" bezeichnete. Vor allem das 16. und 17. Jahrhundert sind die Entstehungszeiten zahlreicher noch heute beliebter Weihnachtslieder. Die bekanntesten aber, „O du fröhliche" und „Stille Nacht, heilige Nacht", stammen aus dem 19. Jahrhundert. Aber auch unsere Zeit ist reich an verschiedenen neuen Weihnachtsliedern.

Die Weihnachtshymnen des Mittelalters hatten ihren festen Platz in der Liturgie der Gottesdienste und vor allem auch in den Weihnachtsspielen, die das Geschehen der Geburt Christi dramatisch ausgestalteten. Von ihnen wiederum gingen zahlreiche Impulse auf die Weihnachtsmotetten und -oratorien über. Diese mehrteiligen Musikwerke für Einzelstimmen, Chor und meist auch Orchester waren ursprünglich wohl musikalische Andachten. Von besonderer Bedeutung ist das Weihnachtsoratorium von Johann Sebastian Bach (1685–1750). In sechs Kantaten wird die Weihnachtsgeschichte nach dem Lukasevangelium, Kapitel 2, Verse 1–21 (Kantaten I bis IV), sowie die Anbetung durch die Weisen aus dem Morgenland nach dem Matthäusevangelium, Kapitel 2, Verse 1–12 (Kantaten V und VI), musikalisch erzählt. Dieses Werk zählt heute zu den populärsten Oratorien und erlebt jährlich in der Weihnachtszeit zahllose Aufführungen in den Kirchen und Konzertsälen der Welt.

# Weihnachtsbaum

„Weihnachten ohne Weihnachtsbaum ist wie Sommer ohne Sonne." In den weitaus meisten deutschen Wohnzimmern darf er nicht fehlen. Ob Tanne, Fichte, Kiefer oder gar Plastik – ein Weihnachtsbaum gehört einfach dazu. Seit rund 450 Jahren ist das so.

Erstmals erwähnt wird ein Weihnachtsbaum in einer Straßburger Urkunde aus dem Jahre 1539. Dort ist davon berichtet, daß man zu Weihnachten Tannen oder andere immergrüne Gehölze als Schmuck in die Wohnung bringen soll. Offenbar hängt diese Sitte mit den Barbarazweigen zusammen, die am 4. Dezember zu Ehren der Schutzpatronin der Bergleute aufgehängt wurden. Übrigens war dieser fromme Brauch nicht unumstritten. Der Straßburger Schriftsteller Sebastian Brant verurteilte bereits 1494 das Aufstecken von Barbarazweigen als heidnischen und abergläubischen Tand. Später wurden in Waisenhäusern zu Weihnachten große Tannenbäume aufgestellt, die man mit Geschenken behängte. Diese Geschenke durften am Dreikönigstag Kinder vom Baum nehmen. Auch dieser Brauch stieß bei der römisch-katholischen Geistlichkeit zunächst gar nicht auf Zustimmung. Sie verurteilten ihn als heidnische Unsitte. In protestantischen Landstrichen verbreitete sich dagegen der Weihnachtsbaum wesentlich schneller als in katholischen Gegenden.

Natürlich hat sich auch die theologische Deutung des Weihnachtsbaumes angenommen. So wird er auf den Paradiesbaum hin interpretiert (1. Mose 2 und 3). Durch die Geburt Christi ist der Weg zum Paradies wieder frei. Die Volksfrömmigkeit hat ja aus dem Baum in der Mitte des Gartens Eden einen Apfelbaum gemacht. So ist es nicht verwunderlich, daß Äpfel auch zum ursprünglichen Christbaumschmuck gehörten. Übrigens erinnern die heute verwendeten Christbaumkugeln noch an die Äpfel des Paradiesbaumes. Eine andere theologische Deutung sieht in dem Weihnachtsbaum eine Erinnerung an die Messiasweissagung aus dem Buch Jesaja (Kapitel 11, 1 und 2). Aus dem Stamm Isais (= Jesse) wird ein Baum hervorgehen, der Frucht tragen soll. An diese Weissagung erinnert auch das bekannte Lied „Es ist ein Ros' entsprungen aus einer Wurzel zart".

Sehr schnell wurde der Schmuck der Weihnachtsbäume vielfältiger. Zu den Äpfeln kamen Papierrosen. In ihnen spiegelt sich eine alte Marienlegende wider, nach der die Mutter Jesu durch ihre Berührung Dornenbüsche in blühende Rosensträucher verwandeln konnte. An diese Weissagung erinnert auch das Lied „Maria durch ein Dornwald ging". Silberfäden, heute Lametta, werden mit den Schätzen in Verbindung gebracht, die die Weisen aus dem Morgenland dem Kind schenkten. Papierketten machen deutlich, daß Jesus von den Ketten der Schuld und des Todes befreien will. Sterne, oftmals aus Stroh, deuten auf den Weihnachtsstern hin, der den Weisen aus dem Morgenland den Weg zur Krippe wies. An ihn erinnert auch die Christbaumspitze, die häufig die Form eines Schweifsternes (Komet) hatte. Auch Nüsse gehören seit früher Zeit zum Schmuck des Weihnachtsbaumes.

Im 18. Jahrhundert verbreitete sich die Sitte, den Weihnachtsbaum mit Kerzen zu schmücken. Erstmals erwähnt wird sie aber bereits 1660 am königlichen Hof in Hannover. Kerzen spielten in weihnachtlichen Bräuchen schon sehr früh eine Rolle. Eine Wurzel liegt sicherlich in den heidnischen Kulten der Wintersonnenwende. Gleichzeitig wurde die Kerze aber sehr früh auf Christus hin gedeutet. Jesus sagt von sich: „Ich bin das Licht der Welt" (Johannes 8, 12). Auch die anderen Eigenschaften einer Kerze finden ihre Deutung in Christus: Eine Kerze gibt Wärme, und sie verzehrt sich. Das hat Jesus auch getan. Leider werden die Kerzen immer mehr durch elektrische Lichterketten verdrängt. Sie sind zwar praktischer, nehmen aber dem weihnachtlichen Brauchtum eine Menge von seiner Symbolkraft.

# Krippen

Die Weihnachtskrippen, die vielfach unsere Wohnzimmer und Kirchen schmücken, haben eine lange Tradition. Ihre Wurzeln hängen bereits mit den frühesten bildlichen Darstellungen des Weihnachtsgeschehens zusammen. Aus dem zweiten Jahrhundert stammen Fresken in den Priscilla-Katakomben in Rom, die von der Geburt Christi künden. Auch Reliefs auf frühchristlichen Sarkophagen bildeten die Weihnachtsgeschichte ab. Die ältesten Darstellungen reichen wohl bis ins vierte Jahrhundert zurück. Aus dem sechsten Jahrhundert stammen Abbildungen aus Byzanz (Konstantinopel, heute Istanbul), die das Jesuskind in einer Futterkrippe zeigen. Vor allem aber tragen auch die szenischen Darstellungen der Weihnachtsgeschichte, wie sie bereits das Mittelalter kannte, zum Entstehen der Weihnachtskrippe bei. So gilt in der Tradition Franziskus von Assisi als einer der „Urheber" der Krippe, als er mit seinen Mönchen 1223 im Wald von Greccio in Italien zu Weihnachten eine Feier veranstaltete, bei der er das Geschehen um die Geburt Christi nachstellte. Die erste figürliche Darstellung der Geburtsszene Jesu entstand im Jahre 1289. In der römischen Kirche Santa Maria Maggiore baute in einer Seitenkapelle der Künstler Arnolfo di Cambio lose gruppierte Marmorfiguren von Maria, Josef und dem Kind auf. Übrigens gehörten zu dieser Darstellung auch Ochse und Esel als Krippentiere. Die Anwesenheit dieser Tiere geht auf Jesaja 1, 3 zurück; dort heißt es: „Ein Ochse kennt seinen Herrn und ein Esel die Krippe seines Herrn." Schon früh wurde diese Bibelstelle auf den Messias gedeutet. So zeigten auch die oben erwähnten Abbildungen in den römischen Katakomben Ochse und Esel als Tiere an der Krippe. Es gibt auch eine symbolhafte Deutung für die Anwesenheit bei der Geburt Jesu: Der Ochse galt als Opfertier, der Esel als Lastträger. Christus hat sich geopfert und die Last der Sünde für die Menschen getragen.

Einen Höhepunkt erreichte die Krippenkunst im 16. Jahrhundert. Damals wurden in Italien, Spanien und Süddeutschland in den Kirchen und an den Fürstenhöfen Krippen aufgebaut. Insbesondere der Jesuitenorden setzte sich für die Verbreitung dieses Brauchtums ein. Er benutzte die Weihnachtskrippe sogar als beliebtes Mittel zur Gegenreformation, denn aus protestantisch gewordenen Landstrichen wurden vielfach bildliche Darstellungen der Geburt Jesu ganz verbannt. In den Kirchen entwickelten sich die Krippen zu einem Ort der Anbetung und Meditation.

Inzwischen beschränkte man sich aber nicht nur auf die Szene in dem Stall von Bethlehem. Ganze Landschaften entstanden. Mehr und mehr verlegte man das biblische Geschehen in das eigene Land. Auch sogenannte Krippenberge mit mehreren Etagen wurden aufgebaut. Süditalien mit Neapel als Zentrum entwickelte sich dabei in der zweiten Hälfte des 18. Jahrhunderts zum Mittelpunkt der Krippenkunst. Es entstanden Monumentalkrippen, die das bunte Volksleben widerspiegelten. Die Figuren waren vielfach aus gebranntem Ton und mit Textil bekleidet.

Eine Verlagerung erlebte der Brauch der Weihnachtskrippe in der Zeit der Aufklärung. Das Aufstellen von Szenen der Geburt Christi in den Kirchen wurde eingestellt, in manchen Gegenden sogar völlig verboten. Viele Menschen wollten aber auf den ihnen lieb gewordenen Brauch nicht verzichten. So bürgerte es sich ein, die Krippe zu Hause aufzustellen. Es entstanden äußerst kunstvolle Holzschnitzereien. Neben dem alpenländischen Raum entwickelte sich das Erzgebirge zu einem Zentrum dieser Volkskunst. Großer Beliebtheit erfreuten sich aber auch Figuren aus Wachs und Glas.

Heute sind Weihnachtskrippen in der ganzen Welt verbreitet. Ganze Sammlungen und Ausstellungen legen Zeugnis von den vielfachen Möglichkeiten der Darstellung des Weihnachtsgeschehens ab. In Deutschland zählen die „Krippana" in Losheim/Eifel sowie die Ausstellungen in Telgte/Westfalen und Glattbach bei Aschaffenburg zu den berühmtesten Veranstaltungen ihrer Art. Aber auch Privatsammlungen, die bisweilen unter großen Mühen zusammengetragen wurden, lassen mitunter Interessierte an den Schätzen teilhaben. Dabei ist dem Material für die Krippenfiguren kaum eine Grenze gesetzt. Längst sind nicht nur Ton, Glas oder Holz die Grundstoffe für die Figuren. Kautschuk, Stroh, Bernstein, Metall und sogar elektronische Bausteine lassen sich ebenfalls zu Kunstwerken verarbeiten. Es existieren Miniaturkrippen in Nußkernen und in kleinen Flaschen. Daß auch der Geschmacklosigkeit kaum eine Grenze gesetzt ist, bewies vor einigen Jahren ein Süßwarenkonzern. Er brachte eine Krippe aus Weingummi auf den Markt. Nach energischen Protesten aus der Bevölkerung wurde diese Entgleisung allerdings wieder zurückgezogen.

# Weihnachtliches Brauchtum

Wer Kinder nach dem wichtigsten weihnachtlichen Brauchtum fragt, wird mit Sicherheit die *Bescherung* genannt bekommen. Auch wir Erwachsenen freuen uns über die Geschenke und sicher auch über das Schenken, das wir anderen angedeihen lassen. Abgesehen von der heute vielfach zu beobachtenden Übertreibung in einem durch die Werbung angeheizten Konsumrausch ist das Sich-Beschenken zu Weihnachten eigentlich eine schöne Sache und durchaus theologisch begründbar: Gott hat uns in seinem Sohn ein Geschenk gemacht; darüber freuen wir uns und geben diese Freude weiter, indem wir andere beschenken.

Die heute übliche Form der Bescherung am Heiligen Abend oder am ersten Feiertag ist allerdings erst knapp 400 Jahre alt. Vor allem begüterte evangelische Familien in Deutschland beschenkten zu Weihnachten ihre Kinder. Die Gaben wurden vom „Christkind" gebracht, das den Nikolaus als Geschenkbringer ablöste. In den katholischen Familien bekamen allerdings die Kinder noch lange Zeit ihre Geschenke von dem heiligen Mann, bis schließlich auch hier das Christkind seine Aufgabe übernahm. In den westeuropäischen Ländern und in Amerika ist aber immer noch der „Weihnachtsmann" der Überbringer der Gaben. Längst sind es aber nicht nur die Kinder, die zu Weihnachten beschenkt werden. Seit Beginn des 19. Jahrhunderts haben es ihnen die Erwachsenen gleichgetan. In unseren Breiten findet die Bescherung meist unter dem Weihnachtsbaum oder am Gabentisch statt. Aber auch das heimliche Schenken, das sogenannte „Wichteln", erfreut sich wieder zunehmender Beliebtheit.

Aber nicht nur die Geschenke, der Tannenbaum, die Krippe und das Liedersingen gehören zum Christfest. Die Palette weihnachtlicher Bräuche ist vielfältig und bunt. Bunt waren ursprünglich auch die *Weihnachtsglückwünsche*, mit denen sich die Kinder bei ihren Eltern, Paten und anderen Verwandten für die Geschenke bedankten. Selbstgemalte Bildchen, kleine Verse oder Geschichten wurden angefertigt und weitergegeben. Knapp 200 Jahre ist diese Sitte alt. Natürlich hat auch hier die Vermarktung des Weihnachtsfestes längst Raum gegriffen. Nur wenige Glückwunschkarten oder -briefe werden noch selbst gemalt oder gebastelt. Ein ganzer Industriezweig lebt inzwischen von der Herstellung und dem Vertrieb dieser Artikel. Auch sind die Absender kaum noch Kinder, die sich für ein Geschenk bedanken wollen. Zu Weihnachten gehört es für viele Menschen einfach dazu, sich zu grüßen und Glückwünsche auszutauschen. Inzwischen ist dieser Brauch nicht nur auf Weihnachten beschränkt. Auch zu Ostern als dem anderen großen Kirchenfest werden Grußkarten und -briefe verschickt. Und wer sich nicht der Post bedienen mag oder möglichst viele Menschen erreichen will, der setzt eine Glückwunsch- oder Grußanzeige in die Zeitung.

Einen ähnlich wichtigen Raum wie die Weihnachtsgeschenke nimmt heutzutage das *Weihnachtsessen* ein. Kaum eine Familie, in der nicht zum Fest „etwas besonders Gutes" auf den Tisch kommt. Je nach Geschmack und Geldbeutel variieren die Speisen von Haus zu Haus. Viele Gerichte und vor allem so manches Gebäck, das wir zu Weihnachten verzehren, haben eine lange Tradition, die vielfach mehrere Jahrhunderte zurückreicht. Natürlich ist der Ursprung oftmals gar nicht mehr auszumachen. Auch gibt es für manchen Brauch verschiedene Deutungen. Sicher sind die Rezepte und Spezialitäten so vielfältig, daß es den Rahmen dieses Buches sprengen würde, alles aufzuzählen. Einiges soll jedoch hier erörtert werden.

Zum traditionellen Weihnachts-Festessen gehört in vielen Familien der *Weihnachtskarpfen.* Der Ursprung dieses Gerichtes hat wohl etwas mit der Mahlzeit zu tun, die der Auferstandene mit seinen Jüngern hielt, als er Brot und Fisch aß (Johannesevangelium, Kapitel 21). Außerdem wurde das Symbol des Fisches von den Christen der Urgemeinde als Erkennungszeichen benutzt. Das griechische Wort „Fisch" (= „ichthys") kann von seinen Buchstaben auf Christus hin gedeutet werden: *I*esus *Chr*istus *theos y*ios *s*oter = Jesus Christus, Gottes Sohn, Retter.

Auch die *Weihnachtsgans* zählt zu den traditionellen Speisen des Festes. Schon bei den alten Ägyptern gehörten Gänse zu den beliebtesten Opfertieren. Im Christentum kennen wir die Gans als ein Attribut des heiligen Martin von Tours. Die Weihnachtsgänse wurden früher vom Bartholomäustag (24. August) bis zum 24. Dezember gemästet, ehe sie am ersten Christtag auf den Tisch kamen. In Amerika ist übrigens der *Truthahn* als Festtagsbraten nicht wegzudenken. Dieses Tier stammt aus Mittelamerika und gehörte bereits bei den Indianern zu den wichtigsten Opfertieren.

Auch die verschiedenen *Weihnachtsgebäcke* haben ihren besonderen Ursprung. Vielfach ist ihre Deutung mit mancherlei Symbolik verbunden. Außerdem sind die einzelnen Backwaren in der Regel besonderen Tagen zuzuordnen. So gehört der Spekulatius zum Nikolaustag, denn Spekulatius bedeutet Aufseher (= Bischof). Der Christstollen, übrigens im Jahre 1329 in Naumburg an der Saale zum ersten Mal gebacken, erinnert an das Kind, das in Windeln gewickelt in einer Krippe lag. Aber auch an die Opfer des Kindermordes von Bethlehem soll durch den Christstollen gedacht werden (Matthäus 2, 16–18). Dabei hat die Form des Stollens die ineinander verschlungenen Wickeltücher eines Säuglinges zum Vorbild. Die „steinförmigen" Backwaren (Dominosteine, Spitzkuchen, Printen usw.) haben ihren Platz am 26. Dezember, dem Stephanustag. Nach der Apostelgeschichte (Kapitel 6, 54–60) wurde der erste christliche Märtyrer durch Steinigung hingerichtet. Der 27. Dezember ist der Tag des Evangelisten Johannes. Nach einer alten Legende mußte Johannes in der Zeit der Christenverfolgung unter dem Kaiser Domitian leiden und wurde in siedendes Öl geworfen. Zur Erinnerung an dieses Ereignis gehören zum Johannestag die in Fett gebackenen Pfannkuchen. Natürlich sind alle diese Deutungen heute kaum noch im Bewußtsein derer, die die Leckereien zum Fest verzehren.

Weihnachten ist für den Handel und die Industrie zu einem wichtigen Wirtschaftsfaktor geworden. Die Summen, die in den Wochen vor dem Fest umgesetzt werden, sind enorm. Daß das Fest in diesem Maße kommerzialisiert werden konnte, liegt zu einem großen Teil mit an dem *Weihnachtsgeld* oder der *-gratifikation*, die den Arbeitnehmern gezahlt wird. Diese Zuwendung, häufig ein 13. Monatsgehalt, ist in den meisten Fällen tarifvertraglich geregelt und nicht ein freiwilliges Geschenk der Arbeitgeber. Eine Wurzel für diese Sitte reicht sicher zurück bis in die Zeit der Feudalherrschaft. Die Herren ließen ihren zumeist bitterarmen Bauern und Arbeitern zu Weihnachten eine milde Gabe zukommen, damit diese es wenigstens an den Festtagen etwas leichter hatten.

# Stephanustag

Der zweite Weihnachtstag ist gleichzeitig auch der Gedenktag des Stephanus, des ersten christlichen Märtyrers. Der Name dieses Mannes wird erstmals in der Apostelgeschichte des Lukas im 6. Kapitel erwähnt. Da wird er als einer der sieben Almosenpfleger genannt, die in der urchristlichen Gemeinde für die Versorgung der griechischsprechenden Witwen zuständig waren. Offenbar bestand aber die Funktion dieser Männer neben ihrer diakonischen Tätigkeit auch im Verkündigungsdienst. Nach dem Zeugnis der Apostelgeschichte wird Stephanus vor dem Hohen Rat in Jerusalem angeklagt, eine andere als die jüdische Lehre zu verbreiten und sich dabei auf Jesus zu berufen. Statt einer Verteidigungsrede hält Stephanus dem Hohen Rat eine Strafpredigt. In ihr macht er deutlich, daß die jüdische Religion zwar den Tempel in den Mittelpunkt stellt, am Eigentlichen des Heilsplanes Gottes aber vorbeigeht. Nach dieser Rede wird Stephanus zum Tode durch Steinigung verurteilt. Nach Apostelgeschichte 8, 1 war Saulus/Paulus ein Zeuge dieser Hinrichtung und „hatte Gefallen an seinem Tod".

Eine Märtyrerverehrung kennt das Christentum bereits im zweiten Jahrhundert. Seit dem dritten Jahrhundert gibt es bereits die Vorstellung, daß die „Blutzeugen" als Heilige und als Fürsprecher verehrt werden. Der Legende nach sollen die Gebeine des Stephanus später nach Rom gebracht und in der Kirche San Lorenzo begraben worden sein.

Der Stephanustag wird seit dem frühen Mittelalter in einem zeitlichen Zusammenhang mit dem Weihnachtsfest begangen. Theologisch steckt dahinter die Vorstellung, daß mit der Geburt des Christus auch gleich das Leiden am Kreuz mitzusehen ist. Im Volksbrauch ist der Stephanustag später zu einem recht fröhlichen Fest mit ausgelassenen Bräuchen geworden. Auch kleine Geschenke spielten an diesem Tag eine Rolle. Zur Erinnerung an die Steinigung des Heiligen wurden „steinförmige" Gebäcke verzehrt, wie wir sie noch heute als Dominosteine, Printen, Spitzkuchen und Pfeffernüsse kennen. Weil Stephanus unter anderem als Schutzpatron der Pferde und der Kutscher galt, wurde der 26. Dezember vor allem in ländlichen Orten auch mit Pferdesegnungen und Umritten um Kapellen und Kirchen begangen.

# Fest der Unschuldigen Kinder

„Als Herodes nun sah, daß er von den Weisen betrogen worden war, wurde er sehr zornig und ließ alle kleinen Jungen in Bethlehem und in der ganzen Gegend töten, die zwei Jahre und jünger waren." Mit dieser grausamen Notiz endet die Weihnachtsgeschichte im Matthäusevangelium, die so hoffnungsvoll mit dem Erscheinen eines Sternes im Morgenland begonnen hatte (Matthäus 2, 1–18). Jener „Kindermord von Bethlehem" war es, der König Herodes den Großen berühmt und berüchtigt machte. Zwischen 37 und 4 v. Chr. regierte er mit Billigung der Römer in Palästina. Als Nachkomme der heidnischen Edomiten war er bei den Juden alles andere als beliebt. Außerdem machte Herodes aus seiner Sympathie für den römischen Kaiser offenbar nie einen Hehl. So konnte er durchaus heidnische Kultstätten errichten und gleichzeitig für den Neubau des Tempels in Jerusalem Sorge tragen. In den letzten Jahren seiner Herrschaft wurde Herodes zunehmend mißtrauisch und argwöhnisch. Stets witterte er Verrat und Intrigen. Blutig ging er gegen alle vor, die ihm seine Herrschaft streitig machen konnten. So rottete er die männliche Linie der jüdischen Hasmonäerfürsten aus, die viele Jahrzehnte die Hohenpriester in Jerusalem gestellt hatten. In dieses Bild von Herodes paßt dann auch die Erzählung vom Kindermord, obwohl für solch ein Ereignis historische Belege außerhalb der Bibel völlig fehlen.

Innerhalb des Weihnachtsfestkreises ist der Gedenktag der Unschuldigen Kinder seit dem fünften Jahrhundert als eigenes liturgisches Fest belegt. Nach der Leseordnung der Evangelien wurde es am 28. Dezember gefeiert. Im zehnten Jahrhundert deutete man diesen Tag als Fest der Subdiakone, Ministranten (Meßdiener) und Chorschüler um. Während diese sonst den Priestern zu gehorchen hatten, durften sie an diesem Tag einmal die Herrschaft ausüben. In diesem Zusammenhang ist auch der Brauch des sogenannten Knabenbischofs zu sehen, der im Mittelalter aufkam. So durfte in den Dom- und Stiftsschulen einer der Schüler für einen Tag die Rolle des Bischofs oder Abts übernehmen, und die Priester, Lehrer und Vorgesetzten hatten ihm zu gehorchen.

Auch in den Kirchen der Reformation ist der „Tag der Unschuldigen Kinder" nicht ganz untergegangen. So hat beispielsweise Martin Luther über die Evangelienlesung vom Kindermord gesagt: „Das ist eine treffliche Historie, die man keineswegs von der Kirche soll kommen lassen."

Sogar ein bekanntes Weihnachtsgebäck hat seinen Ursprung im Fest der Unschuldigen Kinder. So entstand im Mittelalter der Christstollen, der in seiner Form an die in Tücher gewickelten Säuglinge erinnern soll. Früher wurde dieses Gebäck erst am 28. Dezember angeschnitten und verzehrt.

# Fest der Heiligen Familie

„Und als sie alles nach dem Gesetz des Herrn erfüllt hatten, kehrten sie wieder nach Galiläa in ihre Stadt Nazareth zurück. Das Kind aber wuchs und wurde stark, voller Weisheit, und Gottes Gnade war bei ihm." So läßt der Evangelist Lukas seine Erzählung von der Geburt Jesu und der Darbringung des Kindes im Tempel von Jerusalem ausklingen (Lukas 2, 39 und 40). Das Kind Jesus und seine Eltern wohnten in der galiläischen Stadt Nazareth, wo Josef den Beruf des Zimmermannes ausübte. Wie die Familie dort lebte, ist in den Schriften der Bibel nicht berichtet, denn mit Ausnahme der Erzählung vom zwölfjährigen Jesus im Tempel (Lukas 2, 41–52) gibt es keinen Hinweis auf die Kindheit Jesu. Schon früh aber erwachte ein Interesse daran, das Leben des Knaben Jesus und seiner Eltern darzustellen. So enthalten z. B. die „Kindheitsgeschichten des Thomas" zahlreiche Legenden, in denen Wunder berichtet werden, die Jesus im Alter zwischen fünf und zwölf Jahren vollbracht haben soll. Daß aber aus diesen Schriften, die etwa im zweiten Jahrhundert nach Christus entstanden sind, kein Rückschluß auf das tatsächliche Leben der Familie Jesu gezogen werden kann, liegt auf der Hand.

Wahrscheinlich unterschied sich der Alltag nicht wesentlich von dem anderer Familien in Nazareth. Josef galt nach der in Israel üblichen patriarchalischen Ordnung als das Oberhaupt, dem die Familienmitglieder untertan zu sein hatten. Jesus war auch kein Einzelkind, denn in den Evangelien werden mehrere Geschwister erwähnt (so z. B. Markus 3, 32 und 6, 3). Nach römisch-katholischer Tradition werden übrigens aus den Brüdern Jesu Vettern, da Maria als immerwährende Jungfrau gilt.

Des Themas der Familie Jesu hat sich vor allem auch die bildende Kunst angenommen. So entstanden vornehmlich im Spätmittelalter zahlreiche Darstellungen von Maria, Josef und dem Kind. Bezeichnend für viele Bilder ist, daß auf ihnen Josef etwas abgerückt von den übrigen Personen dargestellt wird, denn er gilt ja nur als der „Ziehvater" Jesu.

Der „Heiligen Familie" wurde im 17. Jahrhundert eine Vorbildrolle für die christliche Familie zugedacht. So wie Jesus seinen Eltern in Nazareth „gehorsam" war und zunahm „an Weisheit, Alter und Gunst bei Gott und den Menschen" (Lukas 2, 51 und 52), sollten sich alle verhalten. Unter Papst Benedikt XV. wurde 1921 das Fest der „Heiligen Familie" auf den ersten Sonntag nach Weihnachten gelegt und als gebotener Feiertag begangen. In der evangelischen Kirche spielt dieses Fest keine besondere Rolle.

# Silvester (Sylvester)

Daß der letzte Tag des Jahres seinen Namen von einem Heiligen herleitet, ist sicher nur noch wenigen bekannt. Den meisten Menschen fallen bei „Silvester" lediglich die mehr oder weniger lauten und fröhlichen Feiern ein, mit denen man sich vom alten Jahr verabschieden und das neue Jahr begrüßen will. Papst Silvester I., der dem 31. Dezember seinen Namen gab, ist aber in der Geschichte der Kirche stets in den Hintergrund getreten, weil einer seiner Zeitgenossen zur alles beherrschenden Figur jener Epoche wurde. Die Rede ist von Kaiser Konstantin, der nach der Legende auf seinem Sterbebett in Nikomedien durch Papst Silvester getauft wurde.

Wir wissen wenig über Silvester. Nach der offiziellen Liste des „Annuario pontifico", des Vatikan-Jahrbuchs, trat er sein Amt am 31. 1. 314 an. Sein Todestag war am 31. 12. 335. In dieser Zeit fand das für die Entwicklung des Christentums so bedeutsame Konzil von Nicäa (325) statt. Bei dieser Kirchenversammlung war Silvester aber nicht anwesend. Die Einberufung und Leitung des Konzils erfolgte durch Kaiser Konstantin. Er war es auch, der das auf der Kirchenversammlung beschlossene Glaubensbekenntnis durchsetzte. Silvesters Einfluß auf die Kirche war offenbar recht gering. Durch Legendenbildungen wurde aber seine Bedeutung nachträglich hochstilisiert. So soll er Kaiser Konstantin von einer Aussatzerkrankung geheilt haben. Eine andere Legende weiß zu berichten, daß Silvester Rom von einem Drachen befreit haben soll, der die Bewohner der Stadt im Auftrag von heidnischen Priestern terrorisieren wollte. Weiter wird erzählt, daß der Kaiser als Belohnung für seine Taten Papst Silvester und seine Nachfolger mit der geistlichen Macht über die Kirche ausstattete und ihm die weltliche Herrschaft über die Stadt Rom sowie ganz Italien und einige Provinzen verlieh. Angeblich wurde dieses Recht in der sogenannten „Konstantinischen Schenkungsurkunde" festgelegt. Seit mehreren Jahrhunderten gilt es jedoch als sicher, daß diese Urkunde frühestens aus dem achten Jahrhundert stammt und keinesfalls mit Papst Silvester und seinen angeblichen Taten in Verbindung gebracht werden kann.

In den evangelischen Kirchen trägt der 31. Dezember den Namen *Altjahrsabend*. Damit soll die Stellung dieses Tages im Kalender unterstrichen werden. In den Gemeinden werden Gottesdienste zum Jahresschluß gefeiert.

# Jüdische Fest- und Feiertage

„Die Synagoge ist die Mutter der Kirche." Mit diesem bildhaften Satz soll zum Ausdruck gebracht werden, welch enger Zusammenhang eigentlich zwischen Juden und Christen besteht. Im Grunde ist der christliche Glaube ohne das Judentum undenkbar. Auch Jesus selbst war ja Jude, und er ist bis zu seinem Tode nie etwas anderes gewesen. Vieles verbindet also die beiden Religionen, aber in den vergangenen 2000 Jahren haben die Menschen im Grunde immer nur das Trennende herausgestellt. Und so führte eine völlig falsch verstandene christliche Lehre zu den schwärzesten Kapiteln in der Kirchengeschichte. Nicht mehr zu zählende Morde und ein millionenfaches Unrecht, begangen an jüdischen Menschen, belasten das Verhältnis der Religionen bis auf den heutigen Tag. Die Christenheit ist am Judentum schuldig geworden. Den vorläufig letzten und heftigsten Tiefpunkt bildete jene dunkle Epoche in diesem Jahrhundert, als durch einen verbrecherischen Rassenwahn mehr als sechs Millionen Menschen – Männer, Frauen und Kinder – in den Gaskammern, Konzentrationslagern und Ghettos ermordet wurden. Die einstmals blühenden und lebendigen jüdischen Gemeinden in Deutschland wurden zerschlagen. Heute wohnen in unserem Land nur noch weniger als 50.000 Personen, die der jüdischen Religion angehören. Es sind zumeist Überlebende der nationalsozialistischen Verfolgung, Nachkommen der Generation des Holocaust sowie Zuwanderer aus dem Ausland. Viele von ihnen stammen aus Osteuropa. Nur noch wenige gehören zu den Familien, die schon seit Jahrhunderten in Deutschland lebten und dieses Land und seine Kultur mitgestalteten und prägten.

Wenn auch die Zahl der Juden unter uns heute sehr klein ist, so kann es doch lohnend sein, sich über das jüdische Leben, wie es sich in seinen Festen darstellt, zu informieren. „Sechs Tage in der Woche sollst du arbeiten und deine Werke tun, aber am siebenten Tag ist der Sabbat des Herrn, deines Gottes", heißt es in der Bibel (2. Mose 2, 9–10). Offenbar wurde der *Sabbat* schon früh im Judentum als Feiertag und als heiliger Tag Gottes begangen. Am Sabbat ruhte die Arbeit für die ganze Familie – einschließlich der Gäste, der Sklaven und des Viehs. So hatte dieser Tag auch eine soziale Funktion, denn allen wurde eine wöchentliche Erholungspause zugebilligt, was damals keineswegs selbstverständlich war. Im Kult galt das Einhalten des Sabbatgebotes als ein Zeichen der Zugehörigkeit zu dem Volk, mit dem Gott in den Zehn Geboten einen Bund geschlossen hatte. So kam gerade auch in Zeiten politischer Bedrängnis dem Sabbat eine besondere Bedeutung zu. Dieser wöchentliche Feiertag machte deutlich, daß Gott zu seinem Bündnis mit den Menschen steht. Darum wurden schon früh Verstöße gegen das Sabbatgebot als besonders schwere Verfehlungen bestraft. Vor allem zur Zeit Jesu achteten die religiösen Führer des Volkes stark auf die Einhaltung der zahlreichen Vorschriften über den Sabbat. Das Neue Testament zeigt das in den Evangelien an verschiedenen Stellen.

Der Sabbat ist der siebente Tag der Woche, also der Samstag. Aber bereits der Freitag ist der Vorbereitung dieses Feiertages gewidmet. Es wird Brot gebacken, die Speisen werden vorbereitet, die Wohnung wird gesäubert und geschmückt, denn der eigentliche Feiertag ist ja der Ruhe vorbehalten. Nach altem Brauch beginnt der neue Tag schon am Abend des Vortages. So werden in einer jüdischen Familie am Freitagabend Kerzen angezündet, um den Sabbat willkommen zu heißen. In der Synagoge versammeln sich die Gläubigen zum Eröffnungsgottesdienst. Nach dem Gottesdienst eilen alle nach Hause, um dort die Feier mit einer festlichen Mahlzeit fortzusetzen. Auch dieses Essen wird liturgisch durch rituelle Waschungen, durch Gebete und Segenssprüche umrahmt. Dabei kommt der „Kiddusch", der Segnung des Tages, eine besondere Bedeutung zu. In ihr erhebt der Hausvater einen bis zum Rand gefüllten Weinbecher, trinkt und reicht ihn dann an alle Tischgäste weiter. Ebenfalls wird das Sabbatbrot ausgeteilt und von allen gegessen. Zum Samstag gehören ein feierlicher Synagogengottesdienst, eine ausgedehnte Mittagsmahlzeit und viel Ruhe. Nach dem Abendessen wird der Sabbat dann vom Hausvater verabschiedet.

Neben dem Sabbat als dem wöchentlichen Feiertag kennt das Judentum – ähnlich wie die Christenheit – einen reichen Festkreis im Ablauf des Jahres. Diese immer wiederkehrenden Feste sollen das Heilshandeln

Gottes vergegenwärtigen und den Menschen stets neu ins Bewußtsein rufen. Der Jahreskreis der Juden beginnt im Herbst mit dem Neujahrsfest *Rosch-ha-Schana*. Die jüdische Zeitrechnung folgt ja einem anderen Schema als die unsrige. Sie basiert auf dem Mondjahr mit 254 Tagen. Damit würde aber der jüdische Jahresanfang in rund 30 Jahren einmal rund um das normale Kalenderjahr „wandern". Um dem vorzubeugen, werden zusätzliche Schaltjahre eingeschoben, die nicht zwölf, sondern 13 Monate haben. So bleiben die einzelnen Feiertage jeweils in der gleichen Jahreszeit, jedoch nicht auf einem bestimmten Tag. Rosch-ha-Schana heißt wörtlich übersetzt „Haupt des Jahres". Das Neujahrsfest wird an zwei Tagen gefeiert. Es will daran erinnern, daß Gott einmal Gericht über alle Menschen halten wird. Zum besonderen Brauchtum dieses Festes gehört das „Schofarblasen". Dabei bläst der Rabbiner auf einem Widderhorn langgezogene Töne. Das Widderhorn soll an das Tier erinnern, das Abraham opfern konnte, um seinen Sohn Isaak zu verschonen (2. Mose 22, 13).

Am zehnten Tag des jüdischen Jahres wird der große Versöhnungstag *Jom Kippur* gefeiert. Im Grunde ist es das höchste Fest der jüdischen Religion. In biblischer Zeit durfte an diesem Tag der Hohepriester das Allerheiligste des Tempels betreten, um dort die Bundeslade mit Opferblut zu besprengen. Anschließend wurde ein „Sündenbock" symbolisch mit der Schuld des ganzen Volkes beladen und „in die Wüste geschickt". Beide Begriffe sind für uns heute noch sprichwörtlich. Nach der Zerstörung des Tempels im Jahre 70 n. Chr. fehlt dem Judentum die Grundlage für diesen Brauch am Versöhnungstag. Heute wird Jom Kippur mit strengem Fasten begangen. Die Vorbeter in der Synagoge tragen weiße Gewänder, die an das Totenkleid der Juden erinnern sollen. Im Gottesdienst wird an diesem Tag das „Kol Nidre" gesungen. Dieser Gesang, der ursprünglich lediglich eine wortlose Melodie war, ist eine Bitte an Gott um Auflösung aller unerfüllbaren religiösen Gelübde. Besonders in Zeiten der Verfolgung kam dem Singen des „Kol Nidre" für die Juden eine große Bedeutung zu.

Eine fröhliche Angelegenheit ist das *Laubhüttenfest* (hebräisch: Sukkot). Es erinnert an die Wüstenwanderung des Volkes Israel, als die Menschen der Überlieferung nach 40 Jahre unterwegs waren, um von der Sklaverei in Ägypten in das gelobte Land Kanaan zu gelangen. In dieser Zeit der Unsicherheit des Wüstenweges bot Gott allein dem Volk Schutz und Hilfe. Unter der schützenden Hand Gottes brauchten die Menschen kein festes Haus aus Steinen und Mauern. So ist die Laubhütte zu einem Symbol für die Hilfe Gottes im Leben geworden. „Das Laubhüttenfest sollst du halten sieben Tage, wenn du eingesammelt hast von deiner Tenne und von deiner Kelter, und du sollst fröhlich sein an deinem Fest, du und dein Sohn, deine Tochter, dein Knecht, deine

Magd, der Levit, der Fremdling, die Waise und die Witwe, die in deiner Stadt leben." So schreibt es die jüdische Festordnung im 5. Buch Mose vor (Kapitel 16, 13 und 14). Nicht nur zu Hause, wo das Laubhüttenfest an jedem der sieben Tage mit gutem Essen und Trinken gefeiert wird, herrscht eine fröhliche Stimmung. Auch die täglichen Synagogengottesdienste sind geprägt von der Freude über den Schutz Gottes. Besonders feierlich wird der siebente Tag begangen. In einer Prozession umkreisen die Menschen siebenmal das Lesepult, wobei sie laut „Hosianna" rufen und damit Gott loben. Die Fröhlichkeit des Laubhüttenfestes wird dadurch unterstrichen, daß es einen achten Festtag gibt: das Schlußfest. Dieser Anhang, der „Schemini Azeret", wird als ein zusätzlicher Tag für Gott verstanden. Aber auch damit ist das Laubhüttenfest noch nicht endgültig vorbei, denn im Laufe der Zeit hat sich bei den Juden außerhalb Palästinas der Brauch herausgebildet, einen „Tag der Gesetzesfreude" anzuhängen. An diesem Tag wird nämlich der Zyklus der Lesungen aus der Thora, den fünf Büchern Mose, abgeschlossen. Direkt anschließend beginnt ein neuer Zyklus, der im Laufe eines Jahres wieder durch die ganze Thora führt. Unter lautem Jubel werden die Schriftrollen aus dem heiligen Schrein herausgeholt und in fröhlicher Prozession durch die Synagoge getragen, angeführt von fähnchenschwenkenden Kindern. Nach dem Gottesdienst werden Getränke und Süßigkeiten verzehrt.

Von ganz anderer Gestalt ist das jüdische Lichterfest *Chanukka*. Es erinnert an die Neueinweihung des Tempels nach der Schändung durch den König Antiochus Epiphanes. Dieser Herrscher der hellenistischen Besatzungsmacht wollte im zweiten vorchristlichen Jahrhundert die Juden in Israel dazu bringen, ihrem Glauben abzuschwören und die Kultur und Religion der Griechen anzunehmen. In einem Aufstand unter der Führung von Judas Makkabäus gelang es den Juden im Jahre 164 v. Chr. schließlich, Jerusalem und den Tempel zurückzuerobern. Der verwüstete Tempel wurde gereinigt und wieder neu geweiht. Teil der Einweihungszeremonie war auch das Anzünden des siebenarmigen Leuchters, der Menora. Der Legende nach war aber nur noch ein kleines Fläschchen von dem heiligen Brennöl vorhanden, das nur für einen Tag ausreichte. Jedoch brannten die Flammen wunderbarerweise acht Tage lang. Zur Erinnerung daran wird beim Chanukkafest in den jüdischen Häusern jeden Tag ein Licht mehr am achtarmigen Chanukkaleuchter angezündet. So unterscheidet sich der Chanukkaleuchter von der Menora, die eigentlich dem Tempel vorbehalten ist.

Das Chanukkafest liegt zeitlich in der Nähe von Weihnachten. Dies hat dazu geführt, daß vor allem bei weniger religiös gebundenen Juden einiges Brauchtum aus der christlichen Umgebung übernommen wurde. So gab es vielfach Geschenke zu Chanukka, aber auch Postkartengrüße wurden ausgetauscht; jedoch gehören solche Bräuche nicht zum eigentlichen Festablauf. Traditionelle jüdische Kreise haben aber das Chanukkafest wieder auf seine ursprüngliche Bedeutung zurückgeführt. Vor allem in Israel wird es heute als ein Fest der nationalen Wiedergeburt gefeiert.

Auch das *Purimfest* im Februar/März erinnert an die Errettung aus der Bedrängnis. Zur Zeit der persischen Besetzung im sechsten und fünften vorchristlichen Jahrhundert soll die junge Prinzessin Esther eine geplante Verfolgung der Juden vereitelt haben. Ihr Mut wurde zum Symbol des Widerstandes gegen die Unterdrückung. Das Purimfest wird durch Fasten eingeleitet. Am Festtag selbst wird im Gottesdienst das Estherbuch verlesen, das in novellenartiger Weise das Geschehen von damals wiedergibt. Im Zusammenhang des Festes werden Geschenke an die Kinder verteilt und Umzüge in Verkleidungen veranstaltet. So trägt Purim heute fast schon karnevalistische Züge. Zu erwähnen sind auch die „Purimspiele", die in dramatischer Form die Esthererzählung vergegenwärtigen sollen. Diese Purimspiele sind vor allem in der jüdischen Kultur Osteuropas anzusiedeln.

Das *Passafest (Pessach)* ist von seiner Entstehung her auch vielen Christen bekannt. Die Juden feiern es zur Erinnerung an die Befreiung des Volkes Israel aus Ägypten. Es beginnt mit dem ersten Vollmond des Frühlingsmonats Nissan und dauert acht Tage. Während der acht Pessachtage darf nur ungesäuertes Brot gegessen werden. Dieses „Mazzebrot" gab dem Passafest auch den Namen „Fest der ungesäuerten Brote". Das 2. Buch Mose, Kapitel 12 und 13, gibt über das Entstehen des Passafestes ausführlich Bericht. Bis zur Zerstörung des Jerusalemer Tempels im Jahre 70 n. Chr. wurden dort zum Fest die Passalämmer geschlachtet, die dann innerhalb der Mauern Jerusalems verzehrt werden mußten. Auch Jesus hat auf diese Weise das Passafest gefeiert. Darüber geben uns die Evangelien Auskunft. Da der Tempel mit seinem Kult heute nicht mehr existiert, symbolisiert bei den Passafeiern der Juden nun ein gerösteter Knochen das Lamm.

Bei der häuslichen Feier wird am ersten und zweiten Tag die „Pessach Haggada" verlesen, ein liturgisches Buch, das in Texten, Liedern und Gebeten die Errettung des Volkes Israel aus ägyptischer Sklaverei erzählt. Im Ablauf der Feier ist auch die Segnung von Brot und Wein und den anderen Speisen vorgesehen, die durch den Hausvater vorgenommen wird. Natürlich finden in der Festwoche zu Pessach auch Gottesdienste in der Synagoge statt, jedoch erfolgt die eigentliche Feier im häuslichen Bereich.

Sieben Wochen nach Pessach feiern die Juden das Wochenfest *Schawuot*. Ursprünglich war es wohl eine Art Erntefest, bei dem die Bauern Gott für die Getreideernte dankten und entsprechende Opfergaben darbrachten. Zu den Lesungen in den Gottesdiensten gehörte das Buch Ruth, wahrscheinlich auch wegen der darin erwähnten Gerstenernte. Neben Pessach und dem Laubhüttenfest zählte Schawuot zu den drei großen Wallfahrtsfesten des Judentums. Das Volk machte sich dann nach Jerusalem auf, um im Tempel „vor Gott zu erscheinen" (2. Mose 23, 17). Mit der Zerstörung des Tempels und dem Wegfall des zentralen Kultortes erfuhr auch das Wochenfest eine Umdeutung. Jetzt gerieten die Erinnerung an die Gottesoffenbarung am Berg Sinai und die Verkündigung der Zehn Gebote in den Mittelpunkt. Schawuot wurde zum Fest der Gabe der Thora, das von den Juden zwei Tage lang gefeiert wird.

Neben diesen sieben Hauptfesten kennt das Judentum noch einige Fast- und Trauertage, bei denen sich die Menschen vor allem an die Zerstörungen des Jerusalemer Tempels in den Jahren 586 v. Chr. und 70 n. Chr. erinnern. An diesen Tagen verzichten gläubige Juden einen ganzen Tag lang auf Nahrung. In den Gottesdiensten werden vor allem Texte aus den Klageliedern des Jeremia gelesen.

Ein weiterer wichtiger Gedenktag ist *Jom ha Shoah*, der Holocaust-Gedenktag am 18. April. Er wird am Jahrestag des Beginns des Aufstandes im jüdischen Ghetto Warschaus im Jahre 1943 begangen. Damals erhoben sich die gequälten Juden der polnischen Hauptstadt gegen ihre deutschen Peiniger und begannen einen verzweifelten Kampf. Nach erbittertem Widerstand wurde knapp zwei Monate später der Aufstand blutig niedergeschlagen. Rund 50.000 jüdische Menschen starben dabei. Zur Erinnerung an diese Opfer und die übrigen sechs Millionen ermordeten Juden des Holocaust wird Jom ha Shoah jedes Jahr begangen.

# Islamische Fest- und Feiertage

In der Bundesrepublik leben mehr als 5,2 Millionen Menschen, die einen ausländischen Paß besitzen. Viele von ihnen wohnen schon 20 oder mehr Jahre bei uns. Sie haben hier ihre Arbeit, sie beteiligen sich aktiv am Aufbau Deutschlands, sie haben in diesem Land so etwas wie eine zweite Heimat gefunden. Unter ihnen sind auch viele Kinder, die in Deutschland geboren wurden. Sie besuchen hier die Kindergärten, gehen in die Schule, erlernen einen Beruf. Unter den ausländischen Bürgern Deutschlands bekennen sich rund zwei Millionen Menschen zum Islam. Der weitaus größte Teil von ihnen ist türkischer Nationalität. Dagegen ist mit knapp 50.000 Menschen die Zahl der deutschen Muslime nur recht gering.

Die Begegnung zwischen der christlichen und der islamischen Kultur stellt eine Bereicherung für unser Leben dar. Leider läuft das Miteinander nicht immer spannungsfrei ab, denn das vermeintlich Fremde verunsichert mitunter. Viele Vorurteile und manche Mißverständnisse beruhen aber auf mangelnder Information und fehlender Kenntnis der anderen Bräuche. Nur durch die Beschäftigung mit der Religion und der Kultur meines ausländischen Nachbarn erfahre ich mehr über seine Lebensweise und erkenne, daß vieles gar nicht so fremd ist, sondern durchaus eine Entsprechung im Christentum hat.

Auch im Islam ist der Jahreslauf durch verschiedene Feiertage und Festzeiten geprägt. Der Jahreszyklus folgt aber nicht dem Sonnenjahr, sondern er wird nach dem Mondwechsel berechnet. Auf Schalttage wird dabei verzichtet. Dadurch ergibt sich, daß das islamische Jahr kürzer ist als unser Kalenderjahr. Die Feste, die auf einem bestimmten Tag im Mondjahr liegen, „wandern" also gleichsam durch unseren Kalender. Auch der *Neujahrstag* muß für jedes Jahr neu bestimmt werden. An ihm wird an die Übersiedlung (nicht Flucht!) Mohammeds von Mekka nach Medina im Jahre 622 n. Chr. gedacht. Der Jahresanfang wird jedoch nicht offiziell begangen, ist also im eigentlichen Sinne kein Feiertag.

Zehn Tage nach dem islamischen Neujahrstag begehen die Muslime *Aschura.* Sie denken dabei an den Tag, an dem Noah nach der großen Flut die Arche verlassen haben soll. Für die schiitischen Muslime hat der Tag noch eine weitere Bedeutung. Er gilt als Gedenktag der Ermordung Husains, der als Mohammeds Enkel einer der Nachfolger des Propheten war. Aschura ist nach der Tradition ein Fasttag.

Der *Geburtstag des Propheten* Mohammed gilt bei den Muslimen ebenfalls als Feiertag. Er zählt zu den „heiligen Nächten" des Islam und wird am 12. Tag des dritten Monats begangen. Mohammeds Geburtsjahr ist nicht genau bekannt. Er kam um 570 n. Chr. in Mekka (Arabien) als Sohn einer verarmten Familie zur Welt. Am Geburtstag Mohammeds versammeln sich die gläubigen Muslime zu Koranlesungen und zur Rezitation von Gedichten, um auf diese Weise Gott für die Sendung des Propheten zu preisen.

Zu den „heiligen Nächten" gehört auch die *nächtliche Himmelsreise* Mohammeds. Am 27. Tag des siebenten islamischen Monats wird dieser Tag gefeiert. Er erinnert an eine Erzählung, nach der der Prophet nach Jerusalem entrückt wurde und von dort aus wie in einem Traum durch die Himmel reiste, um schließlich Gott selbst zu schauen. Über der Stätte, von wo aus Mohammed der Legende nach seine Himmelsreise angetreten haben soll, erhebt sich heute der Felsendom, eine der bedeutendsten islamischen Moscheen.

Der neunte Monat im islamischen Kalender ist der Fastenmonat *Ramadan*. Er erinnert an die Offenbarungen, die Mohammed von Gott empfangen hat. Von der Morgendämmerung bis zum Sonnenuntergang fastet der gläubige Moslem. Er nimmt weder Essen noch Trinken zu sich. Untersagt ist ebenfalls der Geschlechtsverkehr sowie das Rauchen. Ausgenommen vom strengen Fasten sind die kleinen Kinder, die Kranken und die Reisenden. Nach Sonnenuntergang treffen sich die muslimischen Familien häufig mit ihren Nachbarn zu einer gemeinsamen Mahlzeit. Höhepunkt des Ramadan ist die *Nacht der Bestimmung* am 27. Tag des Fastenmonats. In dieser „heiligen Nacht" erinnern sich die Muslime daran, daß Gott Mohammed die ersten Sätze des Koran (Sure 96) offenbart hat. Der Koran ist das heilige Buch im Islam. Nach der Überlieferung wurde er im Laufe von 22 Jahren durch Gott selbst dem Propheten mitgeteilt. In 114 Abschnitten (Suren) werden die islamischen Glaubensüberzeugungen, die gottesdienstlichen Ordnungen, die sozialgesellschaftlichen Ordnungen sowie die Maßstäbe für ein ethisch-sittliches Handeln festgelegt.

Der Ramadan endet mit dem *Fastenbrechen*, das für die Muslime ein besonderer Feiertag ist. Auf türkisch heißt dieser Tag „Seker Bayram", was soviel wie *Zuckerfest* bedeutet. Neben den sprichwörtlichen Süßigkeiten und Geschenken gehören zu diesem Tag gegenseitige Besuche und Glückwünsche. Auch ein besonderes Feiertagsgebet ist für dieses Fest vorgesehen. Vieles an der Feier des Fastenbrechens erinnert an die volkstümlichen Bräuche zum christlichen Weihnachtsfest.

Im letzten Monat des islamischen Jahres begehen die Muslime ihren höchsten Feiertag, das *Opferfest*. Es wird zu der Zeit gefeiert, an der sich in Mekka die Pilger aus aller Welt zu ihrer großen Wallfahrt (Haddsch) treffen. Das Opferfest soll daran erinnern, daß Abraham bereit war, in Gehorsam gegenüber Gott seinen eigenen Sohn zu opfern. Entgegen der Überlieferung im Alten Testament berichtet der Koran aber davon, daß Abraham seinen anderen Sohn Ismael, den er zusammen mit der Magd Hagar hatte, zum Opfer bringen sollte. Gott aber verschonte Ismael, und Abraham opferte statt dessen ein Schaf. Um es Abraham gleichzutun, werden beim Opferfest von den Muslimen auch heute noch Schafe oder Ziegen geschlachtet, die aber dann gemeinsam mit Gästen verzehrt werden. Vielfach werden an diesem Tag auch Kollekten für Bedürftige zusammengelegt.

Ähnlich wie die Christen den Sonntag und die Juden den Sabbat, kennen auch die Muslime einen wöchentlich wiederkehrenden besonderen Tag. Es ist der Freitag, der als der bedeutendste Gebetstag gilt. Hier treffen sich die Muslime in der Moschee zum Gebet. Jeder gläubige Moslem hat täglich fünf Gebetszeiten einzuhalten. Bei dem Gebet, das rituell bis in den (arabischen!) Wortlaut und die Körperhaltung hinein vorgeschrieben ist, wendet sich der Beter in Richtung Mekka. Dem Gebet gehen bestimmte rituelle Waschungen voraus, die die Hände, das Gesicht, die Unterarme und die Füße umfassen. Weil viele Muslime, besonders aus der arbeitenden Bevölkerung, die täglichen Gebetszeiten nur schwer einhalten können, kommt dem Freitagsgebet eine besondere Rolle zu. Das gottesdienstliche Gebet in der Moschee ist umfangreicher und feierlicher gestaltet, als es das tägliche Gebet sein kann. Meist wird von dem Imam, dem Vorbeter, auch eine Art Predigt gehalten, die aber nicht bloß theologische Inhalte vermittelt. Der Imam kann auch durchaus einmal zu aktuellen oder politischen Tagesereignissen Stellung beziehen. Eine Trennung zwischen Religion und Welt ist im Islam ohnehin unbekannt. Alles gehört Gott, weil alles von ihm kommt.

# Literaturhinweise

Die weitere und vertiefende Beschäftigung mit den einzelnen Festen, Feier- und Gedenktagen sowie mit dem dazu gehörenden Brauchtum lohnt sich. Dazu empfehle ich folgende Literaturauswahl (Verfasserinnen und Verfasser alphabetisch geordnet):

*Wolfgang Bader (Hrsg.):* Gedanken zum Advent, München 1990.

*Brigitte Barz:* Feiern der Jahresfeste mit Kindern, Urach 1992.

*Arnulf H. Baumann (Hrsg.):* Was jeder vom Judentum wissen muß, Gütersloh 1987.

*Karl H. Bieritz:* Das Kirchenjahr, München 1994.

*Bistum Essen (Hrsg.):* Aschermittwoch – Ostern – Pfingsten. Ein Wegbegleiter für die ganze Familie, Essen 1989.

*Bistum Essen (Hrsg.):* Wir sagen Euch an: Advent! Ein Wegbegleiter für Eltern und Kinder durch die Advents- und Weihnachtszeit, Essen (erscheint jährlich).

*Roland Breitenbach/Joachim Schäd:* Unsere Familie feiert das Jahr, Würzburg 1988.

*Gerard de Champeaux/Dom Sébastien Sterckx:* Einführung in die Welt der Symbole, Würzburg 1990.

*Alfred Kall:* Kirchenjahr und Brauchtum, München 1988.

*Thomas Klocke/Johannes Thiele:* Mit Kindern durch das Kirchenjahr, München 1982.

*Tilde Michels:* Das alles ist Weihnachten, München 1986.

*Klemens Richter:* Feste und Brauchtum im Kirchenjahr, Freiburg 1992.

*Kurt Rommel:* Anker, Bibel, Christuszeichen, Stuttgart 1994.

*Otto Schließke:* Apfel, Nuß und Mandelkern, Stuttgart 1971.

*Angelika Schmidt-Biesalski (Hrsg.):* Ein Freitag im März, Gelnhausen/Düsseldorf 1982.

*Edouard Urech:* Lexikon christlicher Symbole, Konstanz 1979.

*Vereinigte Evangelisch Lutherische Kirche (Hrsg.):* Evangelischer Gemeindekatechismus, Gütersloh 1979.

*Vereinigte Evangelisch Lutherische Kirche und Kirchenamt der Evangelischen Kirche in Deutschland (Hrsg.):* Information Islam – Faltblattserie; zu beziehen durch: Lutherisches Kirchenamt, Postfach 510409, 30634 Hannover.

*Lothar Zenetti:* Meine Zeit in guten Händen, Rosenheim 1985.

# Stichwortverzeichnis

Johannes Busch
**Du, wir zwei!**
Diakonische Vorträge und Predigten aus Bethel
Herausgegeben von Hauke Christiansen, Werner M. Ruschke
und Horst Ullmann
128 Seiten, Paperback, DM/sFr. 16,80 öS 134,40
ISBN 3-7858-0345-1


Johannes Busch
**Fragmente des Vollkommenen**
Mit Matthäus die Bergpredigt Jesu predigen
144 Seiten, Paperback, DM/sFr. 19,80 öS 154,–
ISBN 3-7858-0375-3


Stefan Dolfen/Adelheid Rieffel
**Briefe der Ernestine K.**
Lebensbilder aus Bethel
72 Seiten mit 34 ganzseitigen Schwarzweißabbildungen, Paperback
DM/sFr. 19,80 öS 158,40
ISBN 3-7858-0361-3


Alex Funke
**Mitgedacht**
Diakonische Zeitgenossenschaft
Herausgegeben von Johannes Busch und Johannes Hansen
112 Seiten, Paperback, DM/sFr. 16,80 öS 134,40
ISBN 3-7858-0358-3

 Luther-Verlag

Postfach 14 03 80
33623 Bielefeld

**Bibliodrama als Prozeß**
Leitung und Beratung
Herausgegeben von Else Natalie Warns und Heinrich Fallner
264 Seiten, 6 Abbildungen, Paperback, DM/sFr. 36,– öS 288,–
ISBN 3-7858-0364-8


**Diakonie: Geschichte von unten**
Christliche Nächstenliebe und kirchliche Sozialarbeit in Westfalen
Herausgegeben von Hans Bachmann und Reinhard van Spankeren
416 Seiten, Hardcover mit Schutzumschlag, DM/sFr. 56,– öS 437,–
ISBN 3-7858-0357-5


**Engagement und Ratlosigkeit**
Konfirmandenunterricht heute – Ergebnisse einer empirischen
Untersuchung
Herausgegeben von Thomas Böhme-Lischewski
und Hans-Martin Lübking
288 Seiten, Paperback, DM/sFr. 36,– öS 281,–
ISBN 3-7858-0363-X


**Evangelische Heimat**
Kirchen in Westfalen
Herausgegeben von Gerhard E. Stoll im Auftrag
der Evangelischen Kirche von Westfalen
148 Seiten, 77 vierfarbige und 71 Schwarzweißabbildungen,
Hardcover, DM/sFr. 36,– öS 288,–
ISBN 3-7858-0352-4

 Luther-Verlag

Postfach 14 03 80
33623 Bielefeld